普法知识题集系列 ⑲

治安管理处罚法

 普法知识题集

中国法治出版社
CHINA LEGAL PUBLISHING HOUSE

编 辑 说 明

当前,我国已开启全面建设社会主义现代化国家新征程,进入新发展阶段。通过开展普法活动,使公民法治素养和社会治理法治化水平显著提升,形成全社会尊法学法守法用法的良好氛围。多层次多领域依法治理深入推进,全社会办事依法、遇事找法、解决问题用法、化解矛盾靠法的法治环境显著改善。

提升公民法治素养是全民普法的主要目标,也是全面依法治国的迫切要求,要突出重点对象,分层分类指导。实行公民终身法治教育制度,把法治教育纳入干部教育体系、国民教育体系、社会教育体系,不断提升全体公民法治意识和法治素养。坚持学用结合、普治并举。注重在立法、执法、司法和法律服务过程中开展实时普法,把普法深度融入立法、执法、司法和法律服务全过程,把普法融入法治实践、基层治理和日常生活。

为配合普法工作需要,我们组织编写了"普法知识题集系列丛书"。定位普法,覆盖公民、国家工作人员、领导干部、青少年、企业人员等,题型丰富、解析精准、难度适中,从试题角度为普法工作学习提供检验测试工具。丛书具有以下特点:

一、题型丰富。题型涵盖判断题、单项选择题、多项选择题、填空题、简答题,完备系统。

二、解析精准。习题均附有参考答案,解析有法律条文做依据,精准可靠。部分判断题、填空题的解析出于节省篇幅考虑,只列出答案和条文序号。

三、难度适中。习题设置避免难题、偏题、怪题，以突出应知应会和重点条文为出发点。

本丛书既适合机关、团体、学校、企业、事业单位等组织相关培训配套使用，也适合有学习需求的广大读者阅读。希望本丛书的出版能够有助于引导广大读者养成自觉守法的意识，形成遇事找法的习惯，培养解决问题靠法的意识和能力。为建设信仰法治、公平正义、保障权利、守法诚信、充满活力、和谐有序的社会主义法治社会贡献一份力量。

由于时间和水平有限，不足之处在所难免，敬请广大读者批评指正。

中国法治出版社

目录

专项考查编

第一章 总 则 ································· 1
第二章 处罚的种类和适用 ······················· 6
第三章 违反治安管理的行为和处罚 ··············· 15
　第一节 扰乱公共秩序的行为和处罚 ············ 15
　第二节 妨害公共安全的行为和处罚 ············ 28
　第三节 侵犯人身权利、财产权利的行为和处罚 ···· 38
　第四节 妨害社会管理的行为和处罚 ············ 53
第四章 处罚程序 ······························ 79
　第一节 调 查 ····························· 79
　第二节 决 定 ····························· 92
　第三节 执 行 ····························· 101
第五章 执法监督 ······························ 105

综合考查编

（一）治安管理处罚、行政复议、行政诉讼综合
　　　考查题 ·································· 110
（二）治安管理处罚、行政复议综合考查题 ······· 112
（三）治安管理处罚、行政诉讼综合考查题 ······· 113

附录

《中华人民共和国治安管理处罚法》新旧对照表 ········ 122

专项考查编

第一章 总则

(一) 判断题

1. 为了维护社会治安秩序，保障公共安全，保护公民、法人和其他组织的合法权益，规范和保障公安机关及其人民警察依法履行治安管理职责，根据宪法，制定《治安管理处罚法》①。（ ）
2. 在外国船舶和航空器内发生的违反治安管理行为，一律不适用《治安管理处罚法》。（ ）
3. 国务院公安部门负责全国的治安管理工作。县级以上地方各级人民政府公安机关负责本行政区域内的治安管理工作。治安案件的管辖由国务院规定。（ ）

(二) 单项选择题

对于因民间纠纷引起的打架斗殴或者损毁他人财物等违反治安管理行为，情节较轻的，公安机关可以调解处理。调解处理治安案件，应当查明事实，并遵循（   ）的原则，注重教育和疏导，促进化解矛盾纠纷。

---

① 为便于阅读，本书中相关法律文件名称中的"中华人民共和国"字样都予以省略。

A. 合法、公正、自愿、及时

B. 合法、公平、自愿、及时

C. 合法、公正、自愿、即时

D. 合法、公正、协商一致、及时

（三）多项选择题

1. 下列关于《治安管理处罚法》的说法正确的是：（   ）

    A. 扰乱公共秩序，尚不够刑事处罚的，由公安机关依照《治安管理处罚法》给予治安管理处罚

    B. 治安管理处罚的程序，适用《治安管理处罚法》的规定

    C. 治安管理处罚的程序，《治安管理处罚法》没有规定的，适用《行政处罚法》《行政强制法》的有关规定

    D. 治安管理处罚必须以事实为依据，与违反治安管理的事实、性质、情节以及社会危害程度相当

2. 下列关于《治安管理处罚法》的说法错误的是：（   ）

    A. 在中华人民共和国领域内发生的违反治安管理行为，一律适用《治安管理处罚法》

    B. 在中华人民共和国领域内发生的违反治安管理行为，除法律有特别规定的外，适用《治安管理处罚法》

    C. 在中华人民共和国船舶和航空器内发生的违反治安管理行为，除法律有特别规定的外，适用《治安管理处罚法》

    D. 在中华人民共和国船舶和航空器内发生的违反治安管理行为，一律适用《治安管理处罚法》

3. 张三与李四均为菜市场的卖鱼商户，经常因为争夺顾客而争

吵。在一次争吵的过程中，张三怒火中烧，将李四的一池鲤鱼掀翻在地，因未及时抢救，20多条鲤鱼因缺氧而死亡，造成李四损失350元。公安机关在调查处理过程中，张三对自己的行为感到非常后悔，表示愿意赔偿李四的损失，但要求李四对其抢客行为进行道歉。因该案属于民间纠纷引起的故意损毁财物的违反治安管理行为，且情节较轻，办案民警在征得张三和李四的同意后，对二人进行了调解。关于治安案件的调解，下列说法正确的是：（　　）

A. 调解处理治安案件，应当查明事实，并遵循合法、公正、自愿、及时的原则，注重教育和疏导，促进化解矛盾纠纷

B. 经公安机关调解，当事人达成协议的，不予处罚

C. 经调解未达成协议或者达成协议后不履行的，公安机关应当依照《治安管理处罚法》的规定对违反治安管理行为作出处理，并告知当事人可以就民事争议依法向人民法院提起民事诉讼

D. 对属于调解范围的治安案件，公安机关作出处理决定前，当事人自行和解或者经人民调解委员会调解达成协议并履行，书面申请经公安机关认可的，不予处罚

（四）填空题

1. 治安管理工作坚持中国共产党的领导，坚持____。各级人民政府应当加强社会治安综合治理，采取有效措施，____和____社会矛盾纠纷，增进社会和谐，维护社会稳定。

2. 实施治安管理处罚，应当公开、公正，尊重和保障人权，保护公民的____。办理治安案件应当坚持____相结合的原则，

充分释法说理，教育公民、法人或者其他组织自觉守法。

3. 违反治安管理行为对他人造成损害的，除依照《治安管理处罚法》给予治安管理处罚外，行为人或者其监护人还应当依法承担____。违反治安管理行为构成犯罪，应当依法追究刑事责任的，____以治安管理处罚代替刑事处罚。

参考答案

（一）判断题

1. √，解析：根据《治安管理处罚法》第1条规定。
2. ×，解析：根据《治安管理处罚法》第5条第3款规定，在外国船舶和航空器内发生的违反治安管理行为，依照中华人民共和国缔结或者参加的国际条约，中华人民共和国行使管辖权的，适用本法。
3. ×，解析：根据《治安管理处罚法》第7条规定，国务院公安部门负责全国的治安管理工作。县级以上地方各级人民政府公安机关负责本行政区域内的治安管理工作。治安案件的管辖由国务院公安部门规定。

（二）单项选择题

A，解析：根据《治安管理处罚法》第9条第1款、第2款规定，对于因民间纠纷引起的打架斗殴或者损毁他人财物等违反治安管理行为，情节较轻的，公安机关可以调解处理。调解处理治安案件，应当查明事实，并遵循合法、公正、自愿、及时的原则，注重教育和疏导，促进化解矛盾纠纷。

（三）多项选择题

1. ABCD，解析：根据《治安管理处罚法》第3条规定，扰乱公共秩序，妨害公共安全，侵犯人身权利、财产权利，妨害社会管理，具有社会危害性，依照《中华人民共和国刑法》的规定构成犯罪的，依法追究刑事责任；尚不够刑事处罚的，由公安机关依照本法给予治安管理处罚。第4条规定，治安管理处罚的程序，适用本法的规定；本法没有规定的，适用《行政处罚法》《行政强制法》的有关规定。第6条第1款规定，治安管理处罚必须以事实为依据，与违反治安管理的事实、性质、情节以及社会危害程度相当。

2. AD，解析：根据《治安管理处罚法》第5条第1款、第2款规定，在中华人民共和国领域内发生的违反治安管理行为，除法律有特别规定的外，适用本法。在中华人民共和国船舶和航空器内发生的违反治安管理行为，除法律有特别规定的外，适用本法。

3. ABCD，解析：根据《治安管理处罚法》第9条规定，对于因民间纠纷引起的打架斗殴或者损毁他人财物等违反治安管理行为，情节较轻的，公安机关可以调解处理。调解处理治安案件，应当查明事实，并遵循合法、公正、自愿、及时的原则，注重教育和疏导，促进化解矛盾纠纷。经公安机关调解，当事人达成协议的，不予处罚。经调解未达成协议或者达成协议后不履行的，公安机关应当依照本法的规定对违反治安管理行为作出处理，并告知当事人可以就民事争议依法向人民法院提起民事诉讼。对属于第一款规定的调解范围的治安案件，公安机关作出处理决定前，当事人自行和解或者经人民调解委员会调解达成协议并履行，书面申请经公安机关认可的，不予处罚。

(四) 填空题
1. 综合治理；预防；化解。(《治安管理处罚法》第2条)
2. 人格尊严；教育与处罚。(《治安管理处罚法》第6条)
3. 民事责任；不得。(《治安管理处罚法》第8条)

第二章　处罚的种类和适用

（一）判断题

1. 办理治安案件所查获的毒品、淫秽物品等违禁品，赌具、赌资，吸食、注射毒品的用具以及直接用于实施违反治安管理行为的本人所有的工具，应当收缴，按照规定处理。（　　）

2. 某日晚，醉酒后的张某被一辆共享自行车挡住了去路，张某借着酒劲一脚将自行车踢倒，发现仍然过不去时，张某火冒三丈，对自行车进行打砸，造成自行车毁坏。这一过程被旁边商铺的监控拍到。经价格鉴定，该自行车价值300元。由于张某处于醉酒状态，无法分辨自己的行为，故不予处罚。（　　）

3. 共同违反治安管理的，根据行为人在违反治安管理行为中所起的作用，分别处罚。诱骗他人违反治安管理的，不予处罚。（　　）

4. 70周岁以上的行为人违反治安管理情节严重、影响恶劣的，应当给予行政拘留处罚，但不执行行政拘留处罚。（　　）

（二）单项选择题

1. 某日，王某在商场购物时，因琐事与售货员张某发生争吵。争吵过程中，王某突然拿起桌子上的玻璃水杯朝张某头部砸去，造成张某头破血流。张某经鉴定为轻微伤。在公安机关调查过程中，王某家人提出王某是精神病人，不应承担责任。经过司法鉴定，王某是间歇性精神病人，但其在实施打人行为时，精神是正常的。关于本案的处理，下列选项正确的是：（　　）

A. 不予处罚，但是应当责令其监护人加强看护管理和治疗

B. 应当给予处罚

C. 应当给予处罚，且应当从重处罚

D. 应当给予处罚，但应当减轻处罚

2. 有两种以上违反治安管理行为的，分别决定，合并执行处罚。行政拘留处罚合并执行的，最长不超过（　　）日。

A. 15　　　　　　　　B. 20

C. 25　　　　　　　　D. 30

3. 违反治安管理行为人自愿向公安机关如实陈述自己的违法行为，承认违法事实，愿意接受处罚的，可以依法（　　）。

A. 从轻、减轻或者不予处罚

B. 从轻、减轻处罚

C. 不予处罚

D. 从宽处理

4. 某日凌晨1时，嫌疑人宋某、朱某、辛某3人佩戴警用红蓝肩灯，在某某路无故追逐3名女子并致其中1名女子摔倒。关于嫌疑人宋某、朱某、辛某的处罚，下列说法正确的是：（　　）

A. 宋某刚满16岁，对其不予处罚

B. 3人属于共同违反治安管理，应承担相同的责任

C. 朱某取得3名被侵害人谅解，对其从轻、减轻或者不予

处罚

D. 辛某1年以内曾受过治安管理处罚，对其加重处罚

（三）多项选择题

1. 下列关于未成年人违反治安管理的说法正确的是：（　　）

    A. 已满12周岁不满18周岁的人违反治安管理的，从轻或者减轻处罚

    B. 已满14周岁不满18周岁的人违反治安管理的，从轻或者减轻处罚

    C. 不满12周岁的人违反治安管理的，不予处罚，但是应当责令其监护人严加管教

    D. 不满14周岁的人违反治安管理的，不予处罚，但是应当责令其监护人严加管教

2. 服务员王某因与工友张某发生口角而怀恨在心，回家后将此事用手势告诉聋哑的丈夫高某，并要丈夫教训张某为自己出气。因高某不认识张某，次日，王某到店外偷偷将张某指认给高某。当晚，高某拦下晚归的张某，对其拳打脚踢后离开现场，张某报警案发。张某身上多处受伤，经司法鉴定，属于轻微伤。关于本案的处理，下列说法正确的是：（　　）

    A. 应当给予高某行政拘留并处罚款的处罚，但可以从轻

    B. 应当给予高某行政拘留并处罚款的处罚，不可以从轻

    C. 应当给予王某行政拘留并处罚款的处罚

    D. 不给予王某处罚

3. 叶某父亲与彭某驾驶的小型货车发生交通事故，在等待交警认定事故责任期间，叶某纠集韩某等9人到彭某家逼债，彭

某的儿子彭某胜上前讲道理，被打倒在地，彭某与其另两子女上前劝架，被卷入厮打之中。彭某胜因伤住院治疗半个多月，对方无人受伤。后公安机关除对叶某等人依法追究法律责任外，对彭某及其另两子女均认定为正当防卫，不属于违反治安管理的行为。关于《治安管理处罚法》中的正当防卫，下列说法正确的是：（   ）

A. 为了免受正在进行的不法侵害而采取的制止行为，造成损害的，不属于违反治安管理行为，不受处罚

B. 为了免受正在进行的不法侵害而采取的制止行为，造成损害的，不属于违反治安管理行为，从轻、减轻或者不予处罚

C. 为了免受正在进行的不法侵害而采取的制止行为，明显超过必要限度，造成较大损害的，依法给予处罚，但是应当减轻处罚

D. 为了免受正在进行的不法侵害而采取的制止行为，明显超过必要限度，造成较大损害的，依法给予处罚，但是应当从轻、减轻或者不予处罚

4. 2月25日晚，张某下班路过某小区车棚时，发现一辆未上锁的自行车，便心生歹意，将该自行车骑走。10月20日，张某在骑着该自行车上班的途中，被自行车车主王某看到，王某拉住张某并报警。原来王某将自行车停在车棚后一直未使用，直至案发两天前才发现，未报警。经价格鉴定，该自行车价值300元，张某无其他违法行为。下列关于本案的说法正确的是：（   ）

A. 由于张某的偷车行为在6个月以内没有被公安机关发现，

不再处罚张某

B. 张某的行为构成盗窃，应处 5 日以上 10 日以下拘留

C. 张某的行为构成盗窃，应 2000 元以下罚款

D. 应收缴张某盗窃的自行车并退还王某

（四）填空题

1. 违反治安管理所得的财物，追缴____被侵害人；没有被侵害人的，登记造册，公开拍卖或者按照国家有关规定处理，所得款项上缴____。

2. 醉酒的人违反治安管理的，应当给予处罚。醉酒的人在醉酒状态中，对本人有____或者对他人的人身、财产或者公共安全有____的，应当对其采取____措施约束至酒醒。

3. 单位违反治安管理的，对其____的主管人员和其他直接责任人员依照《治安管理处罚法》的规定处罚。其他法律、行政法规对同一行为规定给予单位处罚的，依照其规定处罚。

4. 对依照《治安管理处罚法》第 12 条规定不予处罚的未成年人，公安机关依照《预防未成年人犯罪法》的规定采取相应____等措施。

5. 违反治安管理行为在 6 个月以内没有被公安机关发现的，不再处罚。前款规定的期限，从违反治安管理行为____之日起计算；违反治安管理行为有连续或者继续状态的，从行为____之日起计算。

（五）简答题

1. 简述治安管理处罚的种类。

2. 简述违反治安管理从轻、减轻或者不予处罚的情形。
3. 简述违反治安管理从重处罚的情形。
4. 简述依照《治安管理处罚法》应当给予行政拘留处罚，但不执行行政拘留处罚的情形。

参考答案

（一）判断题

1. √，解析：根据《治安管理处罚法》第11条规定。

2. ×，解析：根据《治安管理处罚法》第15条规定，醉酒的人违反治安管理的，应当给予处罚。醉酒的人在醉酒状态中，对本人有危险或者对他人的人身、财产或者公共安全有威胁的，应当对其采取保护性措施约束至酒醒。

3. ×，解析：根据《治安管理处罚法》第17条规定，共同违反治安管理的，根据行为人在违反治安管理行为中所起的作用，分别处罚。教唆、胁迫、诱骗他人违反治安管理的，按照其教唆、胁迫、诱骗的行为处罚。

4. ×，解析：根据《治安管理处罚法》第23条规定，违反治安管理行为人有下列情形之一，依照本法应当给予行政拘留处罚的，不执行行政拘留处罚：（1）已满14周岁不满16周岁的；（2）已满16周岁不满18周岁，初次违反治安管理的；（3）70周岁以上的；（4）怀孕或者哺乳自己不满1周岁婴儿的。前款第1项、第2项、第3项规定的行为人违反治安管理情节严重、影响恶劣的，或者第1项、第3项规定的行为人在1年以内2次以上违反治安管理的，不受前款规定的限制。

（二）单项选择题

1. B，解析：根据《治安管理处罚法》第13条规定，精神病人、智力残疾人在不能辨认或者不能控制自己行为的时候违反治安管理的，不予处罚，但是应当责令其监护人加强看护管理和治疗。间歇性的精神病人在精神正常的时候违反治安管理的，应当给予处罚。尚未完全丧失辨认或者控制自己行为能力的精神病人、智力残疾人违反治安管理的，应当给予处罚，但是可以从轻或者减轻处罚。

2. B，解析：根据《治安管理处罚法》第 16 条规定，有两种以上违反治安管理行为的，分别决定，合并执行处罚。行政拘留处罚合并执行的，最长不超过 20 日。

3. D，解析：根据《治安管理处罚法》第 21 条规定，违反治安管理行为人自愿向公安机关如实陈述自己的违法行为，承认违法事实，愿意接受处罚的，可以依法从宽处理。

4. C，解析：根据《治安管理处罚法》第 12 条规定，已满 14 周岁不满 18 周岁的人违反治安管理的，从轻或者减轻处罚；不满 14 周岁的人违反治安管理的，不予处罚，但是应当责令其监护人严加管教。A 错误。第 17 条第 1 款规定，共同违反治安管理的，根据行为人在违反治安管理行为中所起的作用，分别处罚。B 错误。第 20 条规定，违反治安管理有下列情形之一的，从轻、减轻或者不予处罚：（1）情节轻微的；（2）主动消除或者减轻违法后果的；（3）取得被侵害人谅解的；（4）出于他人胁迫或者诱骗的；（5）主动投案，向公安机关如实陈述自己的违法行为的；（6）有立功表现的。C 正确。第 22 条规定，违反治安管理有下列情形之一的，从重处罚：（1）有较严重后果的；（2）教唆、胁迫、诱骗他人违反治安管理的；（3）对报案人、控告人、举报人、证人打击报复的；（4）1 年以内曾受过治安管理处罚的。D 错误。

（三）多项选择题

1. BD，解析：根据《治安管理处罚法》第 12 条规定，已满 14 周岁不满 18 周岁的人违反治安管理的，从轻或者减轻处罚；不满 14

周岁的人违反治安管理的，不予处罚，但是应当责令其监护人严加管教。

2. AC，解析：根据《治安管理处罚法》第 14 条规定，盲人或者又聋又哑的人违反治安管理的，可以从轻、减轻或者不予处罚。第 17 条规定，共同违反治安管理的，根据行为人在违反治安管理行为中所起的作用，分别处罚。教唆、胁迫、诱骗他人违反治安管理的，按照其教唆、胁迫、诱骗的行为处罚。第 51 条第 1 款规定，殴打他人的，或者故意伤害他人身体的，处 5 日以上 10 日以下拘留，并处 500 元以上 1000 元以下罚款；情节较轻的，处 5 日以下拘留或者 1000 元以下罚款。聋哑人高某殴打他人，造成他人轻微伤，应当给予行政处罚，但可以从轻处罚。王某教唆聋哑的丈夫高某殴打他人，按照其教唆的行为处罚。

3. AC，解析：根据《治安管理处罚法》第 19 条规定，为了免受正在进行的不法侵害而采取的制止行为，造成损害的，不属于违反治安管理行为，不受处罚；制止行为明显超过必要限度，造成较大损害的，依法给予处罚，但是应当减轻处罚；情节较轻的，不予处罚。

4. AD，解析：根据《治安管理处罚法》第 11 条第 2 款规定，违反治安管理所得的财物，追缴退还被侵害人；没有被侵害人的，登记造册，公开拍卖或者按照国家有关规定处理，所得款项上缴国库。第 25 条规定，违反治安管理行为在 6 个月以内没有被公安机关发现的，不再处罚。前款规定的期限，从违反治安管理行为发生之日起计算；违反治安管理行为有连续或者继续状态的，从行为终了之日起计算。

(四) 填空题

1. 退还；国库。(《治安管理处罚法》第 11 条)
2. 危险；威胁；保护性。(《治安管理处罚法》第 15 条)
3. 直接负责。(《治安管理处罚法》第 18 条)

4. 矫治教育。(《治安管理处罚法》第 24 条)

5. 发生；终了。(《治安管理处罚法》第 25 条)

(五) 简答题

1. 答：根据《治安管理处罚法》第 10 条规定，治安管理处罚的种类分为：(1) 警告；(2) 罚款；(3) 行政拘留；(4) 吊销公安机关发放的许可证件。对违反治安管理的外国人，可以附加适用限期出境或者驱逐出境。

2. 答：根据《治安管理处罚法》第 20 条规定，违反治安管理有下列情形之一的，从轻、减轻或者不予处罚：(1) 情节轻微的；(2) 主动消除或者减轻违法后果的；(3) 取得被侵害人谅解的；(4) 出于他人胁迫或者诱骗的；(5) 主动投案，向公安机关如实陈述自己的违法行为的；(6) 有立功表现的。

3. 答：根据《治安管理处罚法》第 22 条规定，违反治安管理有下列情形之一的，从重处罚：(1) 有较严重后果的；(2) 教唆、胁迫、诱骗他人违反治安管理的；(3) 对报案人、控告人、举报人、证人打击报复的；(4) 1 年以内曾受过治安管理处罚的。

4. 答：根据《治安管理处罚法》第 23 条第 1 款规定，违反治安管理行为人有下列情形之一，依照本法应当给予行政拘留处罚的，不执行行政拘留处罚：(1) 已满 14 周岁不满 16 周岁的；(2) 已满 16 周岁不满 18 周岁，初次违反治安管理的；(3) 70 周岁以上的；(4) 怀孕或者哺乳自己不满 1 周岁婴儿的。

第三章 违反治安管理的行为和处罚

第一节 扰乱公共秩序的行为和处罚

(一) 判断题

1. 聚众实施扰乱车站、港口、码头、机场、商场、公园、展览馆或者其他公共场所秩序的,对首要分子处10日以上15日以下拘留,可以并处2000元以下罚款。(   )

2. 某村村小组党支部书记张某为达到当村委会主任的目的,在召开严肃村"两委"换届纪律会议后,仍不顾组织纪律,多次邀约村民代表黄洪某、黄有某等人吃饭,席间进行拉票,后因被人举报而案发。张某的行为属于违反治安管理的行为。(   )

3. 某日,某体育场正在举办某明星演唱会,吴某谎称可以2600元/人的价格带人入场。随后,他将两位歌迷带至检票口,不顾检票人员劝阻,将两人强行推入检票口。工作人员报警后,警方快速出警将其抓获。公安机关调查后认为吴某的行为违反了《治安管理处罚法》,且情节较重,可根据法律规定,给予吴某行政拘留15日的处罚。(   )

4. 因扰乱体育比赛、文艺演出活动秩序被处以拘留处罚的,可以同时责令其6个月至1年以内不得进入体育场馆、演出场馆观看同类比赛、演出;违反规定进入体育场馆、演出场馆

的，强行带离现场，可以处10日以下拘留或者2000元以下罚款。（   ）

5. 某日，郭某某因个人护照在机场丢失，为发泄对机场服务的不满，多次向机场工作人员扬言要在机场实施爆炸行为，扰乱机场秩序。公安机关调查后认为郭某某的行为违反了《治安管理处罚法》，可根据法律规定，给予郭某某行政拘留15日并处罚款2000元的行政处罚。（   ）

6. 李某长期在张某的水果摊强拿水果，声称"赊账"。某日李某再次索要时遭拒，遂威胁"不给就砸摊"，并踢翻电子秤，拿走3斤苹果。公安机关调查后认为李某的行为违反了《治安管理处罚法》，且情节较重，可根据法律规定，给予李某行政拘留15日并处罚款1500元的行政处罚。（   ）

7. 违反国家规定，未经批准设置无线电广播电台、通信基站等无线电台（站）的，或者非法使用、占用无线电频率，从事违法活动的，处5日以上10日以下拘留；情节严重的，处10日以上15日以下拘留。（   ）

8. 提供专门用于侵入、非法控制计算机信息系统的程序、工具，或者明知他人实施侵入、非法控制计算机信息系统的违法犯罪行为而为其提供程序、工具的，造成危害的，处10日以下拘留；情节较重的，处10日以上15日以下拘留。（   ）

9. 李某酒后途经某烈士陵园时，因发泄情绪，持石块砸毁烈士雕像头部，并用喷漆在纪念碑上涂抹不当文字。管理人员发现后制止，李某辱骂威胁并继续破坏。公安机关调查后认为李某的行为违反了《治安管理处罚法》，且情节较重，可根

据法律规定，给予李某行政拘留 15 日并处罚款 3000 元的行政处罚。（   ）

（二）单项选择题

1. 张某多次酒后无故拨打 110 报警电话，民警也曾上门对其进行劝诫。某晚，张某又一次无故拨打 110 报警电话，在接警员多次提醒，报警电话属于社会公共资源，不能随意拨打的情况下，张某不听劝阻，仍然连续 9 次拨打 110 报警电话。110 指挥中心针对该情况，立即通知辖区派出所前往处置。派出所民警接到指令后，依法将张某带回派出所至酒醒。公安机关调查后认为张某的行为违反了《治安管理处罚法》，且情节较重。根据法律规定，可能给予张某的行政处罚是：（   ）

    A. 处警告　　　　　　　　　B. 处罚款 1000 元
    C. 处行政拘留 10 日　　　　D. 处罚款 2000 元

2. 某晚，110 报警中心接报警称："有一男子要跳河，人已站到大桥护栏外了，他正在喝酒，请快来救援。"民警赶到现场时，张某站在桥中护栏外饮酒，准备跳河，情况十分危急，经民警耐心劝解及安抚，成功将其安全救助到桥面，并送到派出所内安置。酒醒后的张某称自己没有轻生想法，是饮酒后为寻求心理刺激而假装跳河。对于张某的处罚，下列说法正确的是：（   ）

    A. 张某是在醉酒状态下违反治安管理的，故不予处罚
    B. 如张某刚满 17 周岁，可以不予处罚
    C. 如张某属于成年人，应处警告或者 500 元以下罚款；情

节较重的，处 5 日以上 10 日以下拘留，可以并处 1000 元以下罚款

D. 如张某属于残疾人，应当不予处罚

3. 歌迷张某因对歌手王某的个人生活不满，在演唱会现场展示贬损条幅。条幅内容使用侮辱性语言，引发周边观众围观喧哗。安保人员劝缴无果后报警。公安机关调查后认为张某的行为违反了《治安管理处罚法》，且情节较重。根据法律规定，可能给予张某的行政处罚是：（　　）

A. 处警告

B. 处行政拘留 5 日

C. 处行政拘留 10 日，并处罚款 2000 元

D. 处行政拘留 10 日

4. 某县公安机关在工作中发现，该县某村村民田某在短视频平台直播中谎称自己是某宗教人士，可以治疗各种疑难杂症，以此为由骗取他人财物。发现此情后，县公安局城关派出所民警立即开展调查工作，并将违法行为人田某依法传唤至县公安局执法办案区进行询问调查。关于本案，下列说法正确的是：（　　）

A. 田某的行为属于冒用宗教名义进行损害他人身体健康活动的行为，处 10 日以上 15 日以下拘留，可以并处 2000 元以下罚款；情节较轻的，处 5 日以上 10 日以下拘留，可以并处 1000 元以下罚款

B. 田某的行为属于冒用宗教名义进行损害他人身体健康活动的行为，处 10 日以上 15 日以下拘留，并处 2000 元以下罚款

C. 田某的行为属于冒用宗教名义进行损害他人身体健康活动的行为，处 5 日以上 10 日以下拘留，并处 1000 元以下罚款

D. 田某的行为属于冒用宗教名义进行损害他人身体健康活动的行为，处 5 日以上 10 日以下拘留，可以并处 2000 元以下罚款

5. (　　)，处 5 日以上 10 日以下拘留或者 1000 元以上 3000 元以下罚款；情节较重的，处 10 日以上 15 日以下拘留，可以并处 5000 元以下罚款。

A. 在国家举行公祭活动的场所及周边管控区域，故意从事与活动主题和氛围相违背的行为的

B. 以侮辱、诽谤或者其他方式侵害英雄烈士的姓名、肖像、名誉、荣誉，损害社会公共利益的

C. 否定英雄烈士事迹和精神的

D. 穿着宣扬、美化侵略战争的服饰、标志的

（三）多项选择题

1. 2 月 7 日 16 时许，公交车在某站停车后，张某欲在公交车前门下车，公交车司机告知其乘客需在前门上车、后门下车后，张某执意要在前门下车，司机遂将前门关闭，张某大怒，在司机驾驶台旁破口大骂，致使车上其他乘客滞留长达 10 分钟，引来大量群众围观，造成交通拥堵和不良的社会影响。接到报警后，民警依法将张某带回派出所。关于本案，下列说法正确的是：(　　)

A. 假如调查后发现张某于 1 月 5 日因盗窃被行政拘留 10 天，

公安机关对其扰乱公共汽车秩序的行为应从重处罚

B. 张某自愿向公安机关如实陈述自己的违法行为，承认违法事实，愿意接受处罚，可以依法从宽处理

C. 张某的行为属于扰乱公共汽车秩序，应处警告或者500元以下罚款；情节较重的，处5日以上10日以下拘留，可以并处1000元以下罚款

D. 假如调查后发现张某是间歇性的精神病人，案发时处于精神正常的状态，应当从轻或者减轻处罚

2. 在法律、行政法规规定的国家考试中，（　　），扰乱考试秩序的，处违法所得1倍以上5倍以下罚款，没有违法所得或者违法所得不足1000元的，处1000元以上3000元以下罚款；情节较重的，处5日以上15日以下拘留。

A. 组织作弊的

B. 为他人组织作弊提供作弊器材或者其他帮助的

C. 为实施考试作弊行为，向他人非法出售、提供考试试题、答案的

D. 代替他人或者让他人代替自己参加考试的

3. 某晚上10时许，派出所民警接张某报警称某加油站附近有人赌博。接警后，民警第一时间赶到现场，经查找及询问现场周边人员，未发现赌博迹象，也未发现可疑人员。民警再次拨打张某电话询问，张某却称其是喝醉后和朋友开玩笑报假警。民警随即将张某依法传唤至派出所。关于本案，下列说法正确的是：（　　）

A. 如认定张某谎报警情故意扰乱公共秩序，且情节较重，应在10日以上15日以下拘留，可以并处2000元以下罚

款的幅度内给予张某行政处罚

B. 如认定张某谎报警情故意扰乱公共秩序，应在 5 日以上 10 日以下拘留，可以并处 1000 元以下罚款的幅度内给予张某行政处罚

C. 如认定张某谎报警情故意扰乱公共秩序，但情节较轻，应在 5 日以下拘留或者 1000 元以下罚款的幅度内给予张某行政处罚

D. 如认定张某谎报警情故意扰乱公共秩序，但情节较轻，应在警告或者 500 元以下罚款的幅度内给予张某行政处罚

4. 组织、（　　）他人从事邪教活动、会道门活动、非法的宗教活动或者利用邪教组织、会道门、迷信活动，扰乱社会秩序、损害他人身体健康的，处 10 日以上 15 日以下拘留，可以并处 2000 元以下罚款；情节较轻的，处 5 日以上 10 日以下拘留，可以并处 1000 元以下罚款。

A. 教唆　　　　　　　　B. 胁迫
C. 诱骗　　　　　　　　D. 煽动

5. （　　），造成危害的，处 5 日以下拘留；情节较重的，处 5 日以上 15 日以下拘留。

A. 违反国家规定，对计算机信息系统功能进行删除、修改、增加、干扰的

B. 违反国家规定，对计算机信息系统中存储、处理、传输的数据和应用程序进行删除、修改、增加的

C. 故意制作、传播计算机病毒等破坏性程序的

D. 违反国家规定，侵入计算机信息系统或者采用其他技术手

段，获取计算机信息系统中存储、处理或者传输的数据

6. 根据《治安管理处罚法》的规定，下列说法正确的是：（   ）

   A. 组织、领导传销活动的，处 5 日以上 15 日以下拘留；情节较轻的，处 5 日以下拘留

   B. 组织、领导传销活动的，处 10 日以上 15 日以下拘留；情节较轻的，处 5 日以上 10 日以下拘留

   C. 胁迫、诱骗他人参加传销活动的，处 5 日以上 10 日以下拘留；情节较重的，处 10 日以上 15 日以下拘留

   D. 胁迫、诱骗他人参加传销活动的，处 10 日以上 15 日以下拘留；情节较重的，处 10 日以上 15 日以下拘留

（四）填空题

1. 非法拦截或者强登、扒乘机动车、船舶、航空器以及其他交通工具，影响交通工具正常行驶的，处警告或者____元以下罚款；情节较重的，处 5 日以上 10 日以下拘留，可以并处____元以下罚款。

2. 因扰乱体育比赛、文艺演出活动秩序被处以____处罚的，可以同时责令其____以内不得进入体育场馆、演出场馆观看同类比赛、演出。

3. 向场内投掷杂物，不听____的，扰乱体育、文化等大型群众性活动秩序的，处警告或者 500 元以下罚款；情节严重的，处 5 日以上 10 日以下拘留，可以并处____元以下罚款。

4. 结伙斗殴或者____殴打他人的，处 5 日以上 10 日以下拘留或者 1000 元以下罚款；情节较重的，处 10 日以上 15 日以

下拘留，可以并处____元以下罚款。

5. 违反国家规定，对正常运行的无线电台（站）产生____干扰，经有关主管部门指出后，拒不采取有效措施____的，处 5 日以上 10 日以下拘留；情节严重的，处 10 日以上 15 日以下拘留。

参考答案

（一）判断题

1. √，解析：根据《治安管理处罚法》第 26 条规定。
2. √，解析：根据《治安管理处罚法》第 26 条第 1 款规定，有下列行为之一的，处警告或者 500 元以下罚款；情节较重的，处 5 日以上 10 日以下拘留，可以并处 1000 元以下罚款：（5）破坏依法进行的选举秩序的。
3. ×，解析：根据《治安管理处罚法》第 28 条第 1 款规定，有下列行为之一，扰乱体育、文化等大型群众性活动秩序的，处警告或者 500 元以下罚款；情节严重的，处 5 日以上 10 日以下拘留，可以并处 1000 元以下罚款：（1）强行进入场内的。公安机关应在 5 日以上 10 日以下拘留，可以并处 1000 元以下罚款的幅度内给予吴某行政处罚。
4. ×，解析：根据《治安管理处罚法》第 28 条第 2 款规定，因扰乱体育比赛、文艺演出活动秩序被处以拘留处罚的，可以同时责令其 6 个月至 1 年以内不得进入体育场馆、演出场馆观看同类比赛、演出；违反规定进入体育场馆、演出场馆的，强行带离现场，可以处 5 日以下拘留或者 1000 元以下罚款。
5. ×，解析：根据《治安管理处罚法》第 29 条规定，有下列行为之一的，处 5 日以上 10 日以下拘留，可以并处 1000 元以下罚款；

情节较轻的，处 5 日以下拘留或者 1000 元以下罚款：（3）扬言实施放火、爆炸、投放危险物质等危害公共安全犯罪行为扰乱公共秩序的。公安机关应在 5 日以上 10 日以下拘留，可以并处 1000 元以下罚款的幅度内给予郭某某行政处罚。

6. √，解析：根据《治安管理处罚法》第 30 条规定，有下列行为之一的，处 5 日以上 10 日以下拘留或者 1000 元以下罚款；情节较重的，处 10 日以上 15 日以下拘留，可以并处 2000 元以下罚款：（3）强拿硬要或者任意损毁、占用公私财物的。

7. √，解析：根据《治安管理处罚法》第 32 条规定。

8. ×，解析：根据《治安管理处罚法》第 33 条规定，有下列行为之一，造成危害的，处 5 日以下拘留；情节较重的，处 10 日以上 15 日以下拘留：（5）提供专门用于侵入、非法控制计算机信息系统的程序、工具，或者明知他人实施侵入、非法控制计算机信息系统的违法犯罪行为而为其提供程序、工具的。

9. √，解析：根据《治安管理处罚法》第 35 条规定，有下列行为之一的，处 5 日以上 10 日以下拘留或者 1000 元以上 3000 元以下罚款；情节较重的，处 10 日以上 15 日以下拘留，可以并处 5000 元以下罚款：（2）在英雄烈士纪念设施保护范围内从事有损纪念英雄烈士环境和氛围的活动，不听劝阻的，或者侵占、破坏、污损英雄烈士纪念设施的。

（二）单项选择题

1. C，解析：根据《治安管理处罚法》第 26 条第 1 款规定，有下列行为之一的，处警告或者 500 元以下罚款；情节较重的，处 5 日以上 10 日以下拘留，可以并处 1000 元以下罚款：（1）扰乱机关、团体、企业、事业单位秩序，致使工作、生产、营业、医疗、教学、科研不能正常进行，尚未造成严重损失的。

2. C，解析：根据《治安管理处罚法》第 12 条规定，已满 14 周岁不满 18 周岁的人违反治安管理的，从轻或者减轻处罚；不满 14

周岁的人违反治安管理的，不予处罚，但是应当责令其监护人严加管教。B错误。第13条规定，精神病人、智力残疾人在不能辨认或者不能控制自己行为的时候违反治安管理的，不予处罚，但是应当责令其监护人加强看护管理和治疗。间歇性的精神病人在精神正常的时候违反治安管理的，应当给予处罚。尚未完全丧失辨认或者控制自己行为能力的精神病人、智力残疾人违反治安管理的，应当给予处罚，但是可以从轻或者减轻处罚。第14条规定，盲人或者又聋又哑的人违反治安管理的，可以从轻、减轻或者不予处罚。其他的残疾人违反治安管理的，不从轻、减轻或者不予处罚。D错误。第15条规定，醉酒的人违反治安管理的，应当给予处罚。醉酒的人在醉酒状态中，对本人有危险或者对他人的人身、财产或者公共安全有威胁的，应当对其采取保护性措施约束至酒醒。A错误。第26条第1款规定，有下列行为之一的，处警告或者500元以下罚款；情节较重的，处5日以上10日以下拘留，可以并处1000元以下罚款：（2）扰乱车站、港口、码头、机场、商场、公园、展览馆或者其他公共场所秩序的。C正确。

3. D，解析：根据《治安管理处罚法》第28条第1款规定，有下列行为之一，扰乱体育、文化等大型群众性活动秩序的，处警告或者500元以下罚款；情节严重的，处5日以上10日以下拘留，可以并处1000元以下罚款：（3）展示侮辱性标语、条幅等物品的。

4. A，解析：根据《治安管理处罚法》第31条规定，有下列行为之一的，处10日以上15日以下拘留，可以并处2000元以下罚款；情节较轻的，处5日以上10日以下拘留，可以并处1000元以下罚款：（2）冒用宗教、气功名义进行扰乱社会秩序、损害他人身体健康活动的。

5. B，解析：根据《治安管理处罚法》第35条规定，有下列行为之一的，处5日以上10日以下拘留或者1000元以上3000元以下罚款；情节较重的，处10日以上15日以下拘留，可以并处5000元以下罚款：（1）在国家举行庆祝、纪念、缅怀、公祭等重要活动的场所及周边管控区域，故意从事与活动主题和氛围相违背的行为，不听劝阻，造成不良社会影响的；（2）在英雄烈士纪念设施保护范围内从事有损纪念英雄烈士环境和氛围的活动，不听劝阻的，或者侵占、破坏、污损英雄烈士纪念设施的；（3）以侮辱、诽谤或者其他方式侵害英雄烈士的姓名、肖像、名誉、荣誉，损害社会公共利益的；（4）亵渎、否定英雄烈士事迹和精神，或者制作、传播、散布宣扬、美化侵略战争、侵略行为的言论或者图片、音视频等物品，扰乱公共秩序的；（5）在公共场所或者强制他人在公共场所穿着、佩戴宣扬、美化侵略战争、侵略行为的服饰、标志，不听劝阻，造成不良社会影响的。

（三）多项选择题

1. ABC，解析：根据《治安管理处罚法》第 13 条规定，精神病人、智力残疾人在不能辨认或者不能控制自己行为的时候违反治安管理的，不予处罚，但是应当责令其监护人加强看护管理和治疗。间歇性的精神病人在精神正常的时候违反治安管理的，应当给予处罚。尚未完全丧失辨认或者控制自己行为能力的精神病人、智力残疾人违反治安管理的，应当给予处罚，但是可以从轻或者减轻处罚。D 错误。第 21 条规定，违反治安管理行为人自愿向公安机关如实陈述自己的违法行为，承认违法事实，愿意接受处罚的，可以依法从宽处理。B 正确。第 22 条规定，违反治安管理有下列情形之一的，从重处罚：（4）1 年以内曾受过治安管理处罚的。A 正确。第 26 条第 1 款规定，有下列行为之一的，处警告或者 500 元以下罚款；情节较重的，处 5 日以上 10 日以下拘留，可以并处 1000 元以下罚款：（3）扰乱公共汽车、电车、城市轨道交通车辆、火车、船舶、航空器或者其他公共交通工具上的秩序的。C 正确。

2. ABCD，解析：根据《治安管理处罚法》第 27 条规定，在法律、行政法规规定的国家考试中,有下列行为之一,扰乱考试秩序的,处违法所得 1 倍以上 5 倍以下罚款,没有违法所得或者违法所得不足 1000 元的,处 1000 元以上 3000 元以下罚款;情节较重的,处 5 日以上 15 日以下拘留:(1)组织作弊的;(2)为他人组织作弊提供作弊器材或者其他帮助的;(3)为实施考试作弊行为,向他人非法出售、提供考试试题、答案的;(4)代替他人或者让他人代替自己参加考试的。

3. BC,解析:根据《治安管理处罚法》第 29 条规定,有下列行为之一的,处 5 日以上 10 日以下拘留,可以并处 1000 元以下罚款;情节较轻的,处 5 日以下拘留或者 1000 元以下罚款:(1)故意散布谣言,谎报险情、疫情、灾情、警情或者以其他方法故意扰乱公共秩序的。

4. ABCD,解析:根据《治安管理处罚法》第 31 条规定,有下列行为之一的,处 10 日以上 15 日以下拘留,可以并处 2000 元以下罚款;情节较轻的,处 5 日以上 10 日以下拘留,可以并处 1000 元以下罚款:(1)组织、教唆、胁迫、诱骗、煽动他人从事邪教活动、会道门活动、非法的宗教活动或者利用邪教组织、会道门、迷信活动,扰乱社会秩序、损害他人身体健康的。

5. ABCD,解析:根据《治安管理处罚法》第 33 条规定,有下列行为之一,造成危害的,处 5 日以下拘留;情节较重的,处 5 日以上 15 日以下拘留:(1)违反国家规定,侵入计算机信息系统或者采用其他技术手段,获取计算机信息系统中存储、处理或者传输的数据,或者对计算机信息系统实施非法控制的;(2)违反国家规定,对计算机信息系统功能进行删除、修改、增加、干扰的;(3)违反国家规定,对计算机信息系统中存储、处理、传输的数据和应用程序进行删除、修改、增加的;(4)故意制作、传播计算机病毒等破坏性程序的;(5)提供专门用于侵入、非法控制计算机信息系统的程序、工具,或者明知他人实施侵入、非法控制计算机信息系统的违法犯罪行为而为其提供程序、工具的。

6. BC，解析：根据《治安管理处罚法》第 34 条规定，组织、领导传销活动的，处 10 日以上 15 日以下拘留；情节较轻的，处 5 日以上 10 日以下拘留。胁迫、诱骗他人参加传销活动的，处 5 日以上 10 日以下拘留；情节较重的，处 10 日以上 15 日以下拘留。

（四）填空题

1. 500；1000。（《治安管理处罚法》第 26 条）
2. 拘留；6 个月至 1 年。（《治安管理处罚法》第 28 条）
3. 制止；1000。（《治安管理处罚法》第 28 条）
4. 随意；2000。（《治安管理处罚法》第 30 条）
5. 有害；消除。（《治安管理处罚法》第 32 条）

第二节 妨害公共安全的行为和处罚

（一）判断题

1. 非法携带枪支、弹药或者弩、匕首等国家规定的管制器具进入公共场所或者公共交通工具的，处 10 日以上 15 日以下拘留，可以并处 2000 元以下罚款。（　　）

2. 移动、损毁国家边境的界碑、界桩以及其他边境标志、边境设施或者领土、领海基点标志设施的，处 5 日以上 15 日以下拘留；情节较轻的，处 5 日以下拘留。（　　）

3. 以抢控驾驶操纵装置、拉扯、殴打驾驶人员等方式，干扰公共交通工具正常行驶的，处 10 日以上 15 日以下拘留。（　　）

4. 某村村民谢某某在铁路上私自铺设平交过道，并且在使用车辆运输时有横穿铁路行为，严重危害铁路运输安全。根据

《治安管理处罚法》的规定，公安机关对谢某某处以罚款 2000 元的行政处罚。（　　）

5. 某村村民抱着侥幸心理，用铲车在铁路旁边挖了一个大坑用来存放饲料，严重危害了铁路运输安全。根据《治安管理处罚法》的规定，公安机关对该村民处以行政拘留 7 日行政处罚，并责令其限期恢复所挖坑穴。（　　）

6. 元宵节晚，李某欲在市中心广场点燃 1 盏燃油孔明灯，巡逻民警发现后立即劝阻，李某以"祈福传统"为由拒绝配合，强行点燃孔明灯升空，严重威胁周边安全。公安机关调查后认为李某的行为违反了《治安管理处罚法》，且情节严重，根据法律规定，公安机关对李某处以行政拘留 15 日并处罚款 2000 元的行政处罚。（　　）

7. 某小区业主李某在打扫卫生时为图省事，在明知阳台下方是楼栋入户大堂和人行道的情况下，将内含部分饮料的奶茶杯从近 50 米高的 18 楼阳台抛下。公安机关调查后认为李某的行为违反了《治安管理处罚法》，根据法律规定，给予李某行政拘留 7 日的行政处罚。（　　）

8. 赵某在未经空管部门审批情况下多次擅自放飞无人机。公安机关调查后认为赵某的行为违反了《治安管理处罚法》，根据法律规定，给予李某行政拘留 7 日的行政处罚。（　　）

（二）单项选择题

1. 派出所民警在工作中发现，某村一出租房内储存有大量液化气罐，存在严重的公共安全隐患。民警联系专业公司将屋内液化气罐运送到安全位置并进行处理后，依法将非法储存液

化气罐的嫌疑人张某带回派出所接受调查。关于本案，下列说法正确的是：（　　）

A. 应对张某非法储存危险物质的行为给予行政拘留的处罚

B. 应对张某非法储存危险物质的行为给予罚款的处罚

C. 如张某自愿向公安机关如实陈述自己的违法行为，承认违法事实，愿意接受处罚，可以依法不予处罚

D. 如张某的行为有较严重后果，应加重处罚

2. 王某因其父亲与赵某发生纠纷，遂将其放在电动车储物箱内的欲赠送给朋友的一把工艺刀（已开刀刃，刀尖角度小于60度）拿出来吓唬赵某，但未造成危害后果。公安机关调查后认为王某的行为违反了《治安管理处罚法》，但情节较轻。根据法律规定，可能给予王某的行政处罚是：（　　）

A. 处行政拘留 5 日　　　　　B. 处行政拘留 15 日

C. 处罚款 1000 元　　　　　D. 处警告

3. 王某在某机场乘坐客运航班时，因嫌客舱闷热，竟将临近起飞的航班应急舱门打开，导致该航班无法正常起飞。公安机关调查后认为王某的行为违反了《治安管理处罚法》。根据法律规定，可能给予王某的行政处罚是：（　　）

A. 处行政拘留 5 日

B. 处行政拘留 10 日

C. 处行政拘留 10 日，并处罚款 1000 元

D. 处罚款 1000 元

4. 乘务员杜某在飞机下降过程中按照规定对客舱进行安全检查，发现旅客王某正在使用耳机，欲确认其电子设备是否处于关闭状态，并告知在飞行过程中，使用电子设备会影响驾

驶舱与地面塔台的无线电通讯系统,影响驾驶舱操纵系统。王某开始不予理睬,后拒不配合检查。随后,空警数次要求检查设备,最终,王某承认手机在飞行全程一直处于开机状态。公安机关调查后认为王某的行为违反了《治安管理处罚法》。根据法律规定,可能给予王某的行政处罚是:( )

A. 处行政拘留5日　　　　B. 处行政拘留10日
C. 处罚款2000元　　　　D. 处警告

5. 3名小学生(均为12岁)在某某大桥附近,擅自进入铁路护网拍摄铁路,被火车司机发现并报警。公安机关调查后认为3人的行为违反了《治安管理处罚法》。根据法律规定,下列说法正确的是:( )

A. 处警告
B. 处500元罚款
C. 不予处罚,但是应当责令其监护人严加管教
D. 可以从轻、减轻或者不予处罚

6. 举办体育、文化等大型群众性活动,违反有关规定,有发生安全事故危险,经公安机关责令改正而拒不改正或者无法改正的,责令停止活动,立即疏散;对其直接负责的主管人员和其他直接责任人员处5日以上10日以下拘留,并处1000元以上3000元以下罚款;情节较重的,处10日以上15日以下拘留,并处3000元以上5000元以下罚款,可以同时责令( )以内不得举办大型群众性活动。

A. 3个月至6个月　　　　B. 6个月至1年
C. 6个月至2年　　　　　D. 1年至2年

7. 派出所对某公寓进行日常检查时发现，该公寓存在灭火器没有检查单，楼道没有逃生标识，楼道、部分房间烟感器的功能失效，逃生通道上堆放杂物等消防安全隐患。检查人员责令该场所管理人员叶某限期整改。限期整改时间到后，派出所工作人员对该处出租房复查时发现上述消防安全隐患仍未整改。公安机关调查后认为叶某的行为违反了《治安管理处罚法》，且情节较重。根据法律规定，可能给予叶某的行政处罚是：（　　）

   A. 处行政拘留 7 日

   B. 处行政拘留 3 日

   C. 处行政拘留 3 日，并处罚款 1000 元

   D. 处罚款 1000 元

8. 赵某某为拍摄大岛周围靓丽景色，在没有向相关部门报备审批的情况下，违规升放无人机在边境地区禁飞区域进行航拍活动，并非法穿越国境。公安机关调查后认为赵某某的行为违反了《治安管理处罚法》。根据法律规定，可能给予赵某某的行政处罚是：（　　）

   A. 处行政拘留 5 日　　　　　　B. 处行政拘留 10 日

   C. 处罚款 2000 元　　　　　　　D. 处警告

（三）多项选择题

1. 陈某（女）在火车道旁焚烧垃圾，烧坏防护网外侧 6 根铁路信号电缆，造成红光带影响 11 趟列车运行。公安机关调查后认为陈某的行为违反了《治安管理处罚法》。根据法律规定，下列说法正确的是：（　　）

A. 给予陈某行政拘留 15 日的行政处罚

B. 给予陈某行政拘留 10 日的行政处罚

C. 如陈某主动投案，向公安机关如实陈述自己的违法行为，对其应从轻、减轻或者不予处罚

D. 如陈某正在哺乳自己不满 1 周岁婴儿，公安机关依法给予其行政拘留处罚，不执行行政拘留处罚

2. 崔某和高某承包农田后，因野猪频繁侵扰禾苗，遂在田地里拉设近百米长的电网防范野猪，但未设置任何警示标志。经群众举报，警方发现并拆除电网。次日，嫌疑人崔某、高某两人到派出所主动投案自首。关于本案，下列说法正确的是：（　　）

A. 两名嫌疑人共同违反治安管理，应根据行为人在违反治安管理行为中所起的作用，分别处罚

B. 两名嫌疑人主动投案，向公安机关如实陈述自己的违法行为的，应从轻、减轻或者不予处罚

C. 对两名嫌疑人应处行政拘留 15 日

D. 对两名嫌疑人应处行政拘留 15 日并处罚款 1500 元

（四）填空题

1. 爆炸性、毒害性、____、腐蚀性物质或者传染病病原体等危险物质被盗、被抢或者丢失，未按规定____的，处 5 日以下拘留；故意隐瞒不报的，处 5 日以上 10 日以下拘留。

2. 非法进行____国（边）界线走向的活动或者____有碍国（边）境管理的设施的，处 10 日以上 15 日以下拘留；情节较轻的，处 5 日以下拘留。

3. 在车辆、行人____的地方施工，对沟井坎穴不设覆盖物、防围和警示标志的，或者____损毁、移动覆盖物、防围和警示标志的，处____日以下拘留或者 1000 元以下罚款；情节严重的，处 10 日以上 15 日以下拘留，可以并处 1000 元以下罚款。

参考答案

（一）判断题

1. ×，解析：根据《治安管理处罚法》第 38 条第 2 款规定，非法携带枪支、弹药或者弩、匕首等国家规定的管制器具进入公共场所或者公共交通工具的，处 5 日以上 10 日以下拘留，可以并处 1000 元以下罚款。

2. ×，解析：根据《治安管理处罚法》第 39 条规定，有下列行为之一的，处 10 日以上 15 日以下拘留；情节较轻的，处 5 日以下拘留：（2）移动、损毁国家边境的界碑、界桩以及其他边境标志、边境设施或者领土、领海基点标志设施的。

3. ×，解析：根据《治安管理处罚法》第 40 条第 3 款规定，盗窃、损坏、擅自移动使用中的其他公共交通工具设施、设备，或者以抢控驾驶操纵装置、拉扯、殴打驾驶人员等方式，干扰公共交通工具正常行驶的，处 5 日以下拘留或者 1000 元以下罚款；情节较重的，处 5 日以上 10 日以下拘留。

4. ×，解析：根据《治安管理处罚法》第 41 条规定，有下列行为之一的，处 5 日以上 10 日以下拘留，可以并处 1000 元以下罚款；情节较轻的，处 5 日以下拘留或者 1000 元以下罚款：（4）在铁路、城市轨道交通线路上私设道口或者平交过道的。公安机关应在 5 日以上 10 日以下拘留，可以并处 1000 元以下罚款的幅度内给予谢某某行政处罚。

5. √，解析：根据《治安管理处罚法》第41条规定，有下列行为之一的，处5日以上10日以下拘留，可以并处1000元以下罚款；情节较轻的，处5日以下拘留或者1000元以下罚款：（3）在铁路、城市轨道交通线路、桥梁、隧道、涵洞处挖掘坑穴、采石取沙的。

6. ×，解析：根据《治安管理处罚法》第43条规定，有下列行为之一的，处5日以下拘留或者1000元以下罚款；情节严重的，处10日以上15日以下拘留，可以并处1000元以下罚款：（4）违反有关法律法规规定，升放携带明火的升空物体，有发生火灾事故危险，不听劝阻的。公安机关应在10日以上15日以下拘留，可以并处1000元以下罚款的幅度内给予李某行政处罚。

7. ×，解析：根据《治安管理处罚法》第43条规定，有下列行为之一的，处5日以下拘留或者1000元以下罚款；情节严重的，处10日以上15日以下拘留，可以并处1000元以下罚款：（5）从建筑物或者其他高空抛掷物品，有危害他人人身安全、公私财产安全或者公共安全危险的。公安机关应在5日以下拘留或者1000元以下罚款的幅度内给予李某行政处罚。

8. √，解析：根据《治安管理处罚法》第46条第1款规定，违反有关法律法规关于飞行空域管理规定，飞行民用无人驾驶航空器、航空运动器材，或者升放无人驾驶自由气球、系留气球等升空物体，情节较重的，处5日以上10日以下拘留。

（二）单项选择题

1. A，解析：根据《治安管理处罚法》第36条规定，违反国家规定，制造、买卖、储存、运输、邮寄、携带、使用、提供、处置爆炸性、毒害性、放射性、腐蚀性物质或者传染病病原体等危险物质的，处10日以上15日以下拘留；情节较轻的，处5日以上10日以下拘留。A正确，B错误。第21条规定，违反治安管理行为人自愿向公安机关如实陈述自己的违法行为，承认违法事实，愿意接受处罚的，可以依法从宽处理。C 错误。第 22 条规定，违反治安管理有下列情形之一的，从重处罚：（1）有较严重后果的；（2）教唆、胁迫、诱骗他人违反治安管理的；（3）对报案人、控告人、举报人、证人打击报复的；（4）1 年以内曾受过治安管理处罚的。D 错误。

2. D，解析：根据《治安管理处罚法》第 38 条第 1 款规定，非法携带枪支、弹药或者弩、匕首等国家规定的管制器具的，处 5 日以下拘留，可以并处 1000 元以下罚款；情节较轻的，处警告或者 500 元以下罚款。

3. B，解析：根据《治安管理处罚法》第 40 条第 1 款规定，盗窃、损坏、擅自移动使用中的航空设施，或者强行进入航空器驾驶舱的，处 10 日以上 15 日以下拘留。

4. A，解析：根据《治安管理处罚法》第 40 条第 2 款规定，在使用中的航空器上使用可能影响导航系统正常功能的器具、工具，不听劝阻的，处 5 日以下拘留或者 1000 元以下罚款。

5. C，解析：根据《治安管理处罚法》第 12 条规定，已满 14 周岁不满 18 周岁的人违反治安管理的，从轻或者减轻处罚；不满 14 周岁的人违反治安管理的，不予处罚，但是应当责令其监护人严加管教。第 42 条规定，擅自进入铁路、城市轨道交通防护网或者火车、城市轨道交通列车来临时在铁路、城市轨道交通线路上行走坐卧，抢越铁路、城市轨道，影响行车安全的，处警告或者 500 元以下罚款。

6. B，解析：根据《治安管理处罚法》第 44 条规定，举办体育、文化等大型群众性活动，违反有关规定，有发生安全事故危险，经公安机关责令改正而拒不改正或者无法改正的，责令停止活动，立即疏散；对其直接负责的主管人员和其他直接责任人员处 5 日以上 10 日以下拘留，并处 1000 元以上 3000 元以下罚款；情节较重的,处 10 日以上 15 日以下拘留,并处 3000 元以上 5000 元以下罚款,可以同时责令 6 个月至 1 年以内不得举办大型群众性活动。

7. A,解析:根据《治安管理处罚法》第 45 条规定,旅馆、饭店、影剧院、娱乐场、体育场馆、展览馆或者其他供社会公众活动的场所违反安全规定,致使该场所有发生安全事故危险,经公安机关责令改正而拒不改正的,对其直接负责的主管人员和其他直接责任人员处 5 日以下拘留;情节较重的,处 5 日以上 10 日以下拘留。

8. B,解析:根据《治安管理处罚法》第 46 条规定,违反有关法律法规关于飞行空域管理规定,飞行民用无人驾驶航空器、航空运动器材,或者升放无人驾驶自由气球、系留气球等升空物体,情节较重的,处 5 日以上 10 日以下拘留。飞行、升放前款规定的物体非法穿越国(边)境的,处 10 日以上 15 日以下拘留。

(三) 多项选择题

1. BCD,解析:根据《治安管理处罚法》第 41 条规定,有下列行为之一的,处 5 日以上 10 日以下拘留,可以并处 1000 元以下罚款;情节较轻的,处 5 日以下拘留或者 1000 元以下罚款:(1) 盗窃、损毁、擅自移动铁路、城市轨道交通设施、设备、机车车辆配件或者安全标志的。A 错误,B 正确。第 20 条规定,违反治安管理有下列情形之一的,从轻、减轻或者不予处罚:(5) 主动投案,向公安机关如实陈述自己的违法行为的。C 正确。第 23 条第 1 款规定,违反治安管理行为人有下列情形之一,依照本法应当给予行政拘留处罚的,不执行行政拘留处罚:(4) 怀孕或者哺乳自己不满 1 周岁婴儿的。D 正确。

2. AB,解析:根据《治安管理处罚法》第 17 条第 1 款规定,共同违反治安管理的,根据行为人在违反治安管理行为中所起的作用,分别处罚。第 20 条规定,违反治安管理有下列情形之一的,从轻、减轻或者不予处罚：(5) 主动投案，向公安机关如实陈述自己的违法行为的。第 43 条规定，有下列行为之一的，处 5 日以下拘留或者 1000 元以下罚款；情节严重的，处 10 日以上 15 日以下拘留，可以并处 1000 元以下罚款：(1) 未经批准，安装、使用电网的，或者安装、使用电网不符合安全规定的。故 AB 正确。

(四) 填空题

1. 放射性；报告。(《治安管理处罚法》第 37 条)
2. 影响；修建。(《治安管理处罚法》第 39 条)
3. 通行；故意；5。(《治安管理处罚法》第 43 条)

第三节 侵犯人身权利、财产权利的行为和处罚

(一) 判断题

1. 汪某以何某曾经在微信上对其辱骂为由，纠集范某、袁某等人，非法限制何某人身自由 3 个多小时。其间，汪某还以暴力威胁让何某下跪道歉。公安机关调查后认为汪某的行为违反了《治安管理处罚法》，根据法律规定，给予汪某行政拘留 15 日并处罚款 3000 元的行政处罚。(　　)

2. 捏造事实诬告陷害他人，企图使他人受到刑事追究或者受到治安管理处罚的，处 5 日以下拘留或者 1000 元以下罚款；情节较重的，处 5 日以上 10 日以下拘留，可以并处 1000 元以下罚款。(　　)

3. 周某因情感纠纷，将受害人的住址、电话等信息散布到某网络平台，对受害人正常生活造成较大影响。公安机关调查后认为周某的行为违反了《治安管理处罚法》，根据法律规定，给予周某行政拘留 10 日并处罚款 1500 元的行政处

罚。（　　）

4. 王某见拄拐杖的残疾人李某正欲坐到地铁内的残疾人专座上，便抢在李某之前入座，李某见状即对王某进行指责。王某恼羞成怒，口出秽语，殴打李某，致使李某站立不稳摔倒在车厢内，李某即拨打"110"报警。公安机关调查后认为王某的行为违反了《治安管理处罚法》，根据法律规定，给予王某行政拘留15日的行政处罚。（　　）

5. 某日，行政拘留人员陈某富突发脑梗，拘留所的工作人员发现后立即将其送往医院治疗，同时通知陈某富的儿子陈某，陈某当日赶到医院进行确认。此后，当地民警及医院多次通知陈某前往医院接纳陈某富，尽赡养义务，但陈某一直拒不接纳。公安机关依据《治安管理处罚法》的规定，对陈某处以行政拘留5日的处罚。（　　）

6. 煽动民族仇恨、民族歧视，情节较轻的，处5日以下拘留或者1000元以下罚款。（　　）

7. 窃取或者以其他方法非法获取个人信息的，处10日以上15日以下拘留；情节较轻的，处5日以下拘留。（　　）

8. 某日，杨某到某超市称其24元购买的水饺系过期食品，要求超市赔偿其500元损失，如果超市不同意，将到市场监管部门进行投诉。超市负责人为了息事宁人，赔偿杨某500元。后超市负责人发现超市从未购进同批次水饺，怀疑杨某是恶意索赔，遂报警。面对公安机关的询问，杨某如实供述了其携带过期食品恶意向超市施加压力进而谋取非法利益的违法行为。公安机关依据《治安管理处罚法》的规定，对杨某敲诈勒索的行为处以行政拘留7日的处罚。（　　）

9. 学校违反有关法律法规规定，明知发生严重的学生欺凌或者明知发生其他侵害未成年学生的犯罪，不按规定报告或者处置的，责令改正，对其直接负责的主管人员和其他直接责任人员，建议有关部门依法予以处分。（　　）

（二）单项选择题

1. 王某与赵某之间存在债权债务关系，经王某多次催款，赵某一直未偿还。情急之下，王某于下午4点多来到赵某家，逼迫赵某还钱。赵某多次要求王某离开，但王某一直采取坐卧等方式拒不离开，直到晚上8点，赵某只能报警。民警到达现场，多次劝说并告知王某其行为涉嫌违法，责令其停止违法行为，但王某仍拒不离开。公安机关调查后认为王某的行为违反了《治安管理处罚法》。根据法律规定，可能给予王某的行政处罚是：（　　）

   A. 处行政拘留10日并处罚款1500元

   B. 处行政拘留15日并处罚款2000元

   C. 处行政拘留5日并处罚款1000元

   D. 处行政拘留3日并处罚款1000元

2. 根据《治安管理处罚法》的规定，下列说法正确的是：（　　）

   A. 胁迫他人乞讨的，处10日以上15日以下拘留，可以并处2000元以下罚款

   B. 利用他人乞讨的，处10日以上15日以下拘留，并处2000元以下罚款

   C. 反复纠缠讨要的，处10日以下拘留或者警告

D. 强行讨要的,处 10 日以下拘留或者警告

3. 张某因女友李某与其分手,便心怀不满,连续三个月给她发送恐吓短信,内容包括:"你这种女人就该去死!""我知道你住哪儿,别逼我找你!"李某多次警告无果后报警。公安机关调查后认为张某的行为违反了《治安管理处罚法》。根据法律规定,可能给予张某的行政处罚是:(   )

   A. 处行政拘留 10 日并处罚款 1500 元

   B. 处行政拘留 15 日并处罚款 2000 元

   C. 处行政拘留 5 日并处罚款 1500 元

   D. 处行政拘留 3 日

4. 王某与赵某因为买卖衣服问题发生纠纷,后王某在某网络平台上发布关于赵某的文字和图片,又在该作品评论区内通过回复评论的方式嘲讽、辱骂赵某,并捏造部分事实进行诽谤,浏览量达 300 余次,评论 60 余条。公安机关调查后认为王某的行为违反了《治安管理处罚法》,且情节较重。根据法律规定,可能给予王某的行政处罚是:(   )

   A. 处行政拘留 10 日并处罚款 1500 元

   B. 处行政拘留 15 日并处罚款 2000 元

   C. 处行政拘留 5 日并处罚款 1000 元

   D. 处行政拘留 3 日

5. 陈某通过他人得知罗女士的手机号,为追求刺激,多次以打电话和发送淫秽短信的方式对罗女士进行辱骂和骚扰。其间,罗女士与陈某家属进行了沟通,希望通过家属劝说平息此事,但家属多次劝说无果,陈某依然我行我素。无奈之下,罗女士只好报警。公安机关调查后认为陈某的行为违反

了《治安管理处罚法》，且情节较重。根据法律规定，可能给予陈某的行政处罚是：（　　）

A. 处行政拘留 10 日并处罚款 1500 元

B. 处行政拘留 15 日

C. 处行政拘留 7 日

D. 处行政拘留 3 日并处罚款 1000 元

6. 陈某经常滋扰、纠缠受害人，干扰受害人的正常生活，公安机关给予陈某行政拘留 5 日的行政处罚，并责令其 6 个月内禁止接触被侵害人。陈某如违反禁止接触规定，公安机关应给予陈某的行政处罚是：（　　）

A. 处 5 日以下拘留或者 1000 元以下罚款

B. 处 5 日以上 10 日以下拘留，并处 1000 元以下罚款

C. 处 5 日以上 10 日以下拘留，可以并处 1000 元以下罚款

D. 处 10 日以上 15 日以下拘留，可以并处 2000 元以下罚款

7. 王某某与吕某某系前男女朋友关系，交往期间吕某某多次向王某某借钱，但一直未还。某日，王某某找到吕某某并向其索要欠款，双方发生争吵，后王某某对吕某某进行殴打。公安机关调查后认为王某某的行为违反了《治安管理处罚法》，但情节较轻。根据法律规定，可能给予王某某的行政处罚是：（　　）

A. 处行政拘留 10 日并处罚款 1000 元

B. 处行政拘留 10 日

C. 处行政拘留 7 日

D. 处行政拘留 3 日

8. 赵某与袁某发生口角，并互相推搡，经劝阻，两人被分开。

袁某准备离开时，赵某的父亲赵某某持拐杖追打袁某，赵某对袁某予以拦截，赵某某用拐杖将袁某打伤，后袁某拨打"110"报警。对于赵某和赵某某的行为，下列说法正确的是：（　）

A. 赵某与其父赵某某结伙殴打袁某，应处10日以上15日以下拘留，并处1000元以上2000元以下罚款

B. 赵某与其父赵某某结伙殴打袁某，应处5日以上10日以下拘留，并处500元以上1000元以下罚款

C. 赵某与其父赵某某不构成结伙殴打袁某，应给予赵某某10日以上15日以下拘留，并处1000元以上2000元以下罚款

D. 赵某与其父赵某某不构成结伙殴打袁某，应给予赵某某5日以上10日以下拘留，并处500元以上1000元以下罚款

9. 某日，王某在某餐厅喝酒吃饭，见邻桌的何某长得漂亮，身材苗条，便借着酒劲儿摸了何某臀部。何某即拨打"110"报警。公安机关调查后认为王某的行为违反了《治安管理处罚法》。根据法律规定，可能给予王某的行政处罚是：（　）

A. 处行政拘留15日

B. 处行政拘留10日并处罚款1000元

C. 处行政拘留7日

D. 处行政拘留3日

10. 刘某的丈夫陈某经常对其进行殴打，但其一直忍气吞声。某日，陈某再次对刘某及其女儿进行打骂，致使刘某及其

女儿身体多处轻微伤。当晚11时许，刘某思虑再三，在忍无可忍的情况下向派出所报警求助。公安机关调查后认为陈某的行为违反了《治安管理处罚法》，且情节较重。根据法律规定，可能给予陈某的行政处罚是：（　　）

A. 处行政拘留 15 日

B. 处行政拘留 10 日并处罚款 1500 元

C. 处行政拘留 7 日并处罚款 1000 元

D. 处行政拘留 3 日

11. 违反国家有关规定，向他人出售或者提供个人信息的，（　　）。

　　A. 处 10 日以上 15 日以下拘留；情节较轻的，处 5 日以下拘留或者 1000 元以下罚款

　　B. 处 10 日以上 15 日以下拘留；情节较轻的，处 5 日以下拘留

　　C. 处 10 日以上 15 日以下拘留，可以并处 3000 元以下罚款；情节较轻的，处 5 日以下拘留或者 3000 元以下罚款

　　D. 处 10 日以上 15 日以下拘留，可以并处 1000 元以下罚款；情节较轻的，处 5 日以下拘留或者 1000 元以下罚款

12. 陈某在篮球场椅子上休息时，看到旁边放着一部手机，虽然知道偷拿别人东西是违法的，但出于侥幸心理，还是将手机拿走。经价格鉴定，该手机价值 1300 元。公安机关调查后认为陈某的行为违反了《治安管理处罚法》，且情节较重。根据法律规定，可能给予陈某的行政处罚是：（　　）

　　A. 处行政拘留 15 日并处罚款 1500 元

B. 处行政拘留 10 日并处罚款 5000 元

C. 处行政拘留 7 日并处罚款 1500 元

D. 处罚款 2000 元

13. 某日晚，王某醉酒回家途中无故用砖头砸了杨某汽车的三个车窗玻璃，并在车门上划了几下。次日早上，杨某发现汽车被砸后立即报警。王某归案后，如实供述了其打砸车辆的违法行为。公安机关调查后认定王某的违法行为情节较重。后王某赔偿杨某车辆修理费 1 万元，并取得了杨某的谅解。关于本案，下列说法正确的是：（　　）

A. 王某的违法行为情节较重，公安机关应加重处罚王某

B. 由于王某处于醉酒状态，无法分辨自己的行为，故不予处罚

C. 由于取得被侵害人谅解，公安机关应从轻处罚王某

D. 王某故意损毁他人财物，公安机关应给予王某罚款 500 元的行政处罚

（三）多项选择题

1. 组织、胁迫未成年人在不适宜未成年人活动的经营场所从事陪酒、陪唱等有偿陪侍活动的，（　　）。

    A. 处 10 日以上 15 日以下拘留，并处 5000 元以下罚款

    B. 处 5 日以上 15 日以下拘留，并处 2000 元以下罚款

    C. 情节较轻的，处 5 日以下拘留，并处 5000 元以下罚款

    D. 情节较轻的，处 5 日以下拘留或者 5000 元以下罚款

2. 对证人及其近亲属进行（　　）的，处 5 日以下拘留或者 1000 元以下罚款；情节较重的，处 5 日以上 10 日以下拘

留，可以并处 1000 元以下罚款。

  A. 威胁   B. 侮辱

  C. 殴打   D. 打击报复

3. 猥亵（ ）或者有其他严重情节的，处 10 日以上 15 日以下拘留。

  A. 精神病人   B. 智力残疾人

  C. 不满 14 周岁的人   D. 已满 60 周岁的人

4. 对（ ）等负有监护、看护职责的人虐待被监护、看护的人的，处 5 日以下拘留或者警告；情节较重的，处 5 日以上 10 日以下拘留，可以并处 1000 元以下罚款。

  A. 未成年人   B. 老年人

  C. 患病的人   D. 残疾人

5. 冒领、（ ）或者非法检查他人邮件、快件的，处警告或者 1000 元以下罚款；情节较重的，处 5 日以上 10 日以下拘留。

  A. 隐匿   B. 毁弃

  C. 倒卖   D. 私自开拆

6. 某日，杨某在回家的路上遇到一陌生人搭讪，在两人交流过程中，陌生人趁杨某不备将他的挎包抢走，包内有 700 元现金，杨某立即报警。公安机关根据杨某描述的陌生人体貌特征和离去方向，将违法行为人赵某抓获。经询问，赵某对自己抢夺他人钱财的违法事实供认不讳。根据《治安管理处罚法》规定，下列说法正确的是：（ ）

  A. 如果赵某刚满 17 岁，公安机关应对其从轻或者减轻处罚

  B. 如果公安机关调查后发现赵某 1 个月前有盗窃 100 元的

违法行为，应与抢夺行为分别决定行政处罚，合并执行处罚，行政拘留处罚合并执行的，最长不超过15日
C. 如果赵某自愿向公安机关如实陈述自己的违法行为，承认违法事实，愿意接受处罚，可以依法从宽处理
D. 如果公安机关认为赵某的行为情节较重，应在10日以上15日以下拘留，可以并处3000元以下罚款的幅度内给予其行政处罚

（四）填空题

1. 组织、胁迫、诱骗不满＿＿周岁的人或者＿＿进行恐怖、残忍表演的，处10日以上15日以下拘留，并处1000元以上2000元以下罚款；情节较轻的，处5日以上10日以下拘留，并处1000元以下罚款。

2. 写恐吓信或者以其他方法＿＿他人人身安全的，处5日以下拘留或者1000元以下罚款；情节较重的，处5日以上10日以下拘留，可以并处1000元以下罚款。

3. ＿＿殴打、伤害他人或者一次殴打、伤害＿＿的，处10日以上15日以下拘留，并处1000元以上2000元以下罚款。

4. 在＿＿故意裸露身体隐私部位的，处警告或者500元以下罚款；情节恶劣的，处5日以上10日以下拘留。

5. ＿＿商品，强迫他人提供服务或者强迫他人接受服务的，处5日以上10日以下拘留，并处3000元以上5000元以下罚款；情节较轻的，处5日以下拘留或者＿＿元以下罚款。

6. 在出版物、＿＿中刊载民族歧视、侮辱内容的，处10日以上15日以下拘留，可以并处3000元以下罚款；情节较轻

的，处 5 日以下拘留或者＿＿＿元以下罚款。

7. 以殴打、侮辱、恐吓等方式实施学生＿＿＿，违反治安管理的，公安机关应当依照《治安管理处罚法》《预防未成年人犯罪法》的规定，给予治安管理处罚、采取相应＿＿＿等措施。

参考答案

（一）判断题

1. ×，解析：根据《治安管理处罚法》第 47 条规定，有下列行为之一的，处 10 日以上 15 日以下拘留，并处 1000 元以上 2000 元以下罚款；情节较轻的，处 5 日以上 10 日以下拘留，并处 1000 元以下罚款：（3）非法限制他人人身自由、非法侵入他人住宅或者非法搜查他人身体的。公安机关应在 10 日以上 15 日以下拘留，并处 1000 元以上 2000 元以下罚款的幅度内给予汪某行政处罚。

2. √，解析：根据《治安管理处罚法》第 50 条规定。

3. ×，解析：根据《治安管理处罚法》第 50 条第 1 款规定，有下列行为之一的，处 5 日以下拘留或者 1000 元以下罚款；情节较重的，处 5 日以上 10 日以下拘留，可以并处 1000 元以下罚款：（6）偷窥、偷拍、窃听、散布他人隐私的。公安机关应在 5 日以下拘留或者 1000 元以下罚款的幅度内给予周某行政处罚。

4. ×，解析：根据《治安管理处罚法》第 51 条第 2 款规定，有下列情形之一的，处 10 日以上 15 日以下拘留，并处 1000 元以上 2000 元以下罚款：（2）殴打、伤害残疾人、孕妇、不满 14 周岁的人或者 70 周岁以上的人的。公安机关应在 10 日以上 15 日以下拘留，并处 1000 元以上 2000 元以下罚款的幅度内给予王某行政处罚。

5. √，解析：根据《治安管理处罚法》第 53 条规定，有下列行为之一的,处 5 日以下拘留或者警告;情节较重的,处 5 日以上 10 日以下拘留,可以并处 1000 元以下罚款:(3)遗弃没有独立生活能力的被扶养人的。

6. ×,解析:根据《治安管理处罚法》第 55 条规定,煽动民族仇恨、民族歧视,或者在出版物、信息网络中刊载民族歧视、侮辱内容的,处 10 日以上 15 日以下拘留,可以并处 3000 元以下罚款;情节较轻的,处 5 日以下拘留或者 3000 元以下罚款。

7. √,解析:根据《治安管理处罚法》第 56 条规定。

8. √,解析:根据《治安管理处罚法》第 58 条规定,盗窃、诈骗、哄抢、抢夺或者敲诈勒索的,处 5 日以上 10 日以下拘留或者 2000 元以下罚款;情节较重的,处 10 日以上 15 日以下拘留,可以并处 3000 元以下罚款。

9. √,解析:根据《治安管理处罚法》第 60 条规定。

(二)单项选择题

1. B,解析:根据《治安管理处罚法》第 47 条规定,有下列行为之一的,处 10 日以上 15 日以下拘留,并处 1000 元以上 2000 元以下罚款;情节较轻的,处 5 日以上 10 日以下拘留,并处 1000 元以下罚款:(3)非法限制他人人身自由、非法侵入他人住宅或者非法搜查他人身体的。

2. A,解析:根据《治安管理处罚法》第 49 条规定,胁迫、诱骗或者利用他人乞讨的,处 10 日以上 15 日以下拘留,可以并处 2000 元以下罚款。反复纠缠、强行讨要或者以其他滋扰他人的方式乞讨的,处 5 日以下拘留或者警告。

3. D,解析:根据《治安管理处罚法》第 50 条第 1 款规定,有下列行为之一的,处 5 日以下拘留或者 1000 元以下罚款;情节较重的,处 5 日以上 10 日以下拘留,可以并处 1000 元以下罚款:(1)写恐吓信或者以其他方法威胁他人人身安全的。

4. C,解析:根据《治安管理处罚法》第 50 条第 1 款规定,有下列行为之一的，处 5 日以下拘留或者 1000 元以下罚款；情节较重的，处 5 日以上 10 日以下拘留，可以并处 1000 元以下罚款：（2）公然侮辱他人或者捏造事实诽谤他人的。

5. C，解析：根据《治安管理处罚法》第 50 条第 1 款规定，有下列行为之一的，处 5 日以下拘留或者 1000 元以下罚款；情节较重的，处 5 日以上 10 日以下拘留，可以并处 1000 元以下罚款：（5）多次发送淫秽、侮辱、恐吓等信息或者采取滋扰、纠缠、跟踪等方法，干扰他人正常生活的。

6. C，解析：根据《治安管理处罚法》第 50 条规定，有下列行为之一的，处 5 日以下拘留或者 1000 元以下罚款；情节较重的，处 5 日以上 10 日以下拘留，可以并处 1000 元以下罚款：（5）多次发送淫秽、侮辱、恐吓等信息或者采取滋扰、纠缠、跟踪等方法，干扰他人正常生活的。有前款第 5 项规定的滋扰、纠缠、跟踪行为的，除依照前款规定给予处罚外，经公安机关负责人批准，可以责令其一定期限内禁止接触被侵害人。对违反禁止接触规定的，处 5 日以上 10 日以下拘留，可以并处 1000 元以下罚款。

7. D，解析：根据《治安管理处罚法》第 51 条第 1 款规定，殴打他人的，或者故意伤害他人身体的，处 5 日以上 10 日以下拘留，并处 500 元以上 1000 元以下罚款；情节较轻的，处 5 日以下拘留或者 1000 元以下罚款。

8. A，解析：根据《治安管理处罚法》第 51 条第 2 款规定，有下列情形之一的，处 10 日以上 15 日以下拘留，并处 1000 元以上 2000 元以下罚款：（1）结伙殴打、伤害他人的。

9. C，解析：根据《治安管理处罚法》第 52 条第 1 款规定，猥亵他人的，处 5 日以上 10 日以下拘留；猥亵精神病人、智力残疾人、不满 14 周岁的人或者有其他严重情节的，处 10 日以上 15 日以下拘留。

10. C，解析：根据《治安管理处罚法》第 53 条规定，有下列行为之一的，处 5 日以下拘留或者警告；情节较重的，处 5 日以上 10 日以下拘留，可以并处 1000 元以下罚款：（1）虐待家庭成员，被虐待人或者其监护人要求处理的。

11. B，解析：根据《治安管理处罚法》第 56 条规定，违反国家有关规定，向他人出售或者提供个人信息的，处 10 日以上 15 日以下拘留；情节较轻的，处 5 日以下拘留。窃取或者以其他方法非法获取个人信息的，依照前款的规定处罚。

12. A，解析：根据《治安管理处罚法》第 58 条规定，盗窃、诈骗、哄抢、抢夺或者敲诈勒索的，处 5 日以上 10 日以下拘留或者 2000 元以下罚款；情节较重的，处 10 日以上 15 日以下拘留，可以并处 3000 元以下罚款。

13. C，解析：根据《治安管理处罚法》第 15 条第 1 款规定，醉酒的人违反治安管理的，应当给予处罚。B 错误。第 20 条规定，违反治安管理有下列情形之一的，从轻、减轻或者不予处罚：（3）取得被侵害人谅解的。第 22 条规定，违反治安管理有下列情形之一的，从重处罚：（1）有较严重后果的。第 59 条规定，故意损毁公私财物的，处 5 日以下拘留或者 1000 元以下罚款；情节较重的，处 5 日以上 10 日以下拘留，可以并处 3000 元以下罚款。A、D 错误，C 正确。

(三) 多项选择题

1. AD，解析：根据《治安管理处罚法》第 48 条规定，组织、胁迫未成年人在不适宜未成年人活动的经营场所从事陪酒、陪唱等有偿陪侍活动的，处 10 日以上 15 日以下拘留，并处 5000 元以下罚款；情节较轻的，处 5 日以下拘留或者 5000 元以下罚款。

2. ABCD，解析：根据《治安管理处罚法》第 50 条第 1 款规定，有下列行为之一的，处 5 日以下拘留或者 1000 元以下罚款；情节较重的，处 5 日以上 10 日以下拘留，可以并处 1000 元以下罚款：(4) 对证人及其近亲属进行威胁、侮辱、殴打或者打击报复的。

3. ABC，解析：根据《治安管理处罚法》第 52 条第 1 款规定，猥亵他人的，处 5 日以上 10 日以下拘留；猥亵精神病人、智力残疾人、不满 14 周岁的人或者有其他严重情节的，处 10 日以上 15 日以下拘留。

4. ABCD，解析：根据《治安管理处罚法》第 53 条规定，有下列行为之一的，处 5 日以下拘留或者警告；情节较重的，处 5 日以上 10 日以下拘留，可以并处 1000 元以下罚款：（2）对未成年人、老年人、患病的人、残疾人等负有监护、看护职责的人虐待被监护、看护的人的。

5. ABCD，解析：根据《治安管理处罚法》第 57 条规定，冒领、隐匿、毁弃、倒卖、私自开拆或者非法检查他人邮件、快件的，处警告或者 1000 元以下罚款；情节较重的，处 5 日以上 10 日以下拘留。

6. ACD，解析：根据《治安管理处罚法》第 12 条规定，已满 14 周岁不满 18 周岁的人违反治安管理的，从轻或者减轻处罚；不满 14 周岁的人违反治安管理的，不予处罚，但是应当责令其监护人严加管教。A 正确。第 16 条规定，有两种以上违反治安管理行为的，分别决定，合并执行处罚。行政拘留处罚合并执行的，最长不超过 20 日。B 错误。第 21 条规定，违反治安管理行为人自愿向公安机关如实陈述自己的违法行为，承认违法事实，愿意接受处罚的，可以依法从宽处理。C 正确。第 58 条规定，盗窃、诈骗、哄抢、抢夺或者敲诈勒索的，处 5 日以上 10 日以下拘留或者 2000 元以下罚款；情节较重的，处 10 日以上 15 日以下拘留，可以并处 3000 元以下罚款。D 正确。

(四) 填空题

1. 16；残疾人。(《治安管理处罚法》第 47 条)
2. 威胁。(《治安管理处罚法》第 50 条)
3. 多次；多人。(《治安管理处罚法》第 51 条)

4. 公共场所。(《治安管理处罚法》第 52 条)
5. 强买强卖；1000。(《治安管理处罚法》第 54 条)
6. 信息网络；3000。(《治安管理处罚法》第 55 条)
7. 欺凌；矫治教育。(《治安管理处罚法》第 60 条)

第四节 妨害社会管理的行为和处罚

(一) 判断题

1. 阻碍消防车、救护车、工程抢险车、警车通行的，处警告或者 500 元以下罚款；情节严重的，处 5 日以上 10 日以下拘留，可以并处 1000 元以下罚款。(　　)
2. 陈某为了方便进入某企业办理私事，在某广告公司花 30 元购买了该企业的通行证，第一次使用便被该企业的保安认出并报警。公安机关依据《治安管理处罚法》的规定，对陈某买卖、使用伪造企业通行证的行为处以行政拘留 5 日并处罚款 1000 元的处罚。(　　)
3. 李某声称可以代抢代拍文艺演出门票。其帮忙抢购演出门票后高价倒卖获利，每卖一张票能获利 50 元至 300 元不等，截至被查获时，已非法获利 4000 余元。公安机关调查后认为李某的行为违反了《治安管理处罚法》，但情节较轻，根据法律规定，给予李某行政拘留 3 日的处罚。(　　)
4. 违反国家规定，未经注册登记，以社会团体、基金会、社会服务机构等社会组织名义进行活动，被取缔后，仍进行活动的，处 10 日以上 15 日以下拘留，可以并处 5000 元以下罚款；情节较轻的，处 5 日以上 10 日以下拘留或者 1000 元以

上 3000 元以下罚款。（　　）

5. 派出所民警对辖区内某宾馆进行检查时发现，该宾馆有一名旅客未登记身份信息且未上传。经询问，该宾馆负责人李某陈述了因心存侥幸，未对该旅客进行身份查验、未进行实名制登记的事实。派出所根据《治安管理处罚法》的规定，当场作出罚款 1000 元的行政处罚。（　　）

6. 派出所民警在某废品收购站进行日常检查时，当场查获一些废旧供电专用器材——电缆。经调查，这些废旧供电专用器材是废品收购站经营者陈某两天前收购的，总价值 350 元。公安机关根据《治安管理处罚法》的规定，对陈某收购废旧专用器材的行为处行政拘留 3 日。（　　）

7. 某派出所破获一起电动自行车被盗案，后经深挖调查，发现嫌疑人家属有窝藏、转移赃物嫌疑。派出所遂依法将盗窃嫌疑人家属陆某传唤至派出所接受调查。陆某到案后，在证据面前，很快便交代了其帮助丈夫窝藏并转移被盗电动自行车的违法事实。公安机关根据《治安管理处罚法》的规定，对陆某窝藏、转移赃物的行为处以行政拘留并罚款的处罚。（　　）

8. 拒不执行公安机关依照《反家庭暴力法》、《妇女权益保障法》出具的禁止家庭暴力告诫书、禁止性骚扰告诫书的，处 5 日以下拘留或者 1000 元以下罚款；情节较重的，处 5 日以上 10 日以下拘留，可以并处 1000 元以下罚款。（　　）

9. 依法被关押的违法行为人脱逃的，处 10 日以上 15 日以下拘留；情节较轻的，处 5 日以上 10 日以下拘留。（　　）

10. 承建公司老板钟某某为赶工程进度，在明知作业地方有坟墓，继续施工可能会破坏坟墓的情况下，仍指挥司机强行开展工程，导致熊某某父亲的坟墓主体部分受损。公安机关根据《治安管理处罚法》的规定，给予钟某某行政拘留7日的处罚。（　　）

11. 卖淫、嫖娼的，处10日以上15日以下拘留，可以并处5000元以下罚款；情节较轻的，处5日以下拘留或者1000元以下罚款。（　　）

12. 酒吧负责人邓某为了招揽顾客，遂雇佣两名模特进行脱衣舞表演。公安机关根据《治安管理处罚法》的规定，对邓某组织淫秽表演和两名模特进行淫秽表演的行为分别给予行政拘留15天并处罚款1500元的处罚和行政拘留7日并处罚款1000元的处罚。（　　）

13. 某地公安机关在开展禁毒工作时，发现代某在自家院中非法种植罂粟42株。经询问，代某对其非法种植罂粟的行为供认不讳。民警依法将罂粟铲除，根据《治安管理处罚法》的规定，对代某非法种植毒品原植物的行为处以500元罚款。（　　）

14. 胁迫、欺骗医务人员开具麻醉药品、精神药品的，处10日以上15日以下拘留，可以并处3000元以下罚款；情节较轻的，处5日以下拘留或者1000元以下罚款。（　　）

15. 容留他人吸食、注射毒品或者介绍买卖毒品的，处10日以上15日以下拘留；情节较轻的，处5日以上10日以下拘留。（　　）

16. 李某带着3岁的女儿刘某某回家时，被同小区王某未牵绳的宠物犬追逐。李某考虑到王某经常不牵绳遛狗，给自己的生活造成了很大不便，更有被追咬的风险，便报警。经民警询问，王某承认自己不牵绳遛狗以及狗追逐刘某某的事实。公安机关根据《治安管理处罚法》的规定，给予王某警告的处罚。（   ）

17. 未对动物采取安全措施，致使动物伤害他人的，处5日以下拘留或者1000元以下罚款；情节较重的，处5日以上10日以下拘留。（   ）

（二）单项选择题

1. 某交管大队民警在集中夜查酒驾检测执法活动中，要求驾驶人陈某进行呼气式酒精检测仪检测时，陈某的哥哥陈某某为帮助陈某逃避酒驾的法律责任，采取谩骂、阻拦、推搡等方式阻碍民警对陈某进行吹气检测，经教育劝导仍不改正，严重阻碍了民警依法执行职务。公安机关调查后认为陈某某的行为违反了《治安管理处罚法》，且情节较重。根据法律规定，可能给予陈某某的行政处罚是：（   ）

    A. 处警告

    B. 处罚款500元

    C. 处行政拘留7日并处罚款1000元

    D. 处行政拘留5日

2. 某晚，某交警大队在某路开展酒驾夜查行动。民警示意一辆灰色面包车靠边停车接受检查，但该车丝毫没有减速，径直冲闯检查点，险些撞上执勤民警，之后消失在道路尽头。民警详细排查后，确定了面包车驾驶员为张某。公安机关调查后认为张某的行为违反了《治安管理处罚法》，且情节较

重。根据法律规定,可能给予张某的行政处罚是:(　　)

  A. 处行政拘留 10 日　　　B. 处行政拘留 15 日

  C. 处罚款 500 元　　　　　D. 处罚款 1000 元

3. 冒充国家机关工作人员招摇撞骗的,(　　)。

  A. 处 5 日以下拘留或者 1000 元以下罚款;情节较重的,处 5 日以上 10 日以下拘留,可以并处 1000 元以下罚款

  B. 处 5 日以下拘留或者 1000 元以下罚款;情节较重的,处 5 日以上 10 日以下拘留,可以并处 2000 元以下罚款

  C. 处 10 日以上 15 日以下拘留,可以并处 1000 元以下罚款;情节较轻的,处 5 日以下拘留

  D. 处 10 日以上 15 日以下拘留,可以并处 1000 元以下罚款;情节较轻的,处 5 日以上 10 日以下拘留

4. 派出所民警接到某集团监察部负责人报案称,其在监察审计中发现,该集团子公司办公室主任张某,在项目推进过程中,为图工作便利,伪造该集团有限公司印章一枚,后加盖在合作协议等相关文件上。经询问,张某对自己伪造公司印章的行为供认不讳。公安机关调查后认为张某的行为违反了《治安管理处罚法》,但情节较轻。根据法律规定,可能给予张某的行政处罚是:(　　)

  A. 处行政拘留 7 日　　　　B. 处行政拘留 15 日

  C. 处罚款 500 元　　　　　D. 处罚款 1000 元

5. 船舶擅自进入、停靠国家禁止、限制进入的水域或者岛屿的,对(　　)处 1000 元以上 2000 元以下罚款;情节严重的,处 5 日以下拘留,可以并处 2000 元以下罚款。

  A. 船舶所有权人

B. 船舶上的所有人

C. 船长

D. 船舶负责人及有关责任人员

6. 陈某在未向公安机关等部门申请并获得相关从业许可证，且未按要求在相关平台进行备案登记的情况下，租用某栋楼的多个房间，擅自经营旅馆式民宿，存在严重的安全隐患。公安机关调查后认为陈某的行为违反了《治安管理处罚法》。根据法律规定，可能给予陈某的行政处罚是：（　　）

   A. 处行政拘留 7 日并处罚金 2000 元

   B. 处行政拘留 10 日并处罚金 5000 元

   C. 处罚款 500 元

   D. 处罚款 1000 元

7. 李某未经许可，擅自经营旅馆式民宿，公安机关给予其行政处罚并予将其擅自经营的民宿取缔。但半年后，李某又在未经许可的情况下擅自经营旅馆式民宿。关于李某的处罚，下列说法正确的是：（　　）

   A. 在 5 日以上 10 日以下拘留或者 3000 元以下罚款的幅度内给予处罚

   B. 在 5 日以上 10 日以下拘留，并处 3000 元以下罚款的幅度内给予处罚

   C. 在 10 日以上 15 日以下拘留，可以并处 3000 元以上 5000 元以下罚款的幅度内给予处罚

   D. 在 10 日以上 15 日以下拘留，并处 3000 元以上 5000 元以下罚款的幅度内给予处罚

8. 派出所民警在开展日常检查时，发现辖区内某房屋出租人陈

某在出租过程中，未按规定登记承租人身份证件种类和号码且未向公安机关申报。公安机关调查后认为陈某的行为违反了《治安管理处罚法》，但情节较轻。根据法律规定，可能给予陈某的行政处罚是：（   ）

A. 处行政拘留 3 日　　　　　　B. 处行政拘留 5 日

C. 处罚款 500 元　　　　　　　D. 处罚款 1000 元

9. 房东黄某在收房租时发现承租人在从事犯罪活动，为了收取租金，黄某未向公安机关报告，致使 5 万多件注册商标标识被非法制造、销售。公安机关调查后认为黄某的行为违反了《治安管理处罚法》，且情节严重。根据法律规定，可能给予黄某的行政处罚是：（   ）

A. 处行政拘留 7 日　　　　　　B. 处行政拘留 5 日

C. 处罚款 1000 元　　　　　　　D. 处罚款 3000 元

10. 某地公安机关在办理一起盗窃案的过程中，发现某商铺老板陈某有收赃嫌疑。经查，陈某在明知收购商品来路不正的情况下，依然以低于市场行情的价格先后两次收购盗窃违法行为人刘某提供的香烟，而后以正常市场价售卖。公安机关调查后认为陈某的行为违反了《治安管理处罚法》，且情节严重。根据法律规定，可能给予陈某的行政处罚是：（   ）

A. 处行政拘留 15 日并处罚款 1000 元

B. 处行政拘留 7 日处罚款 1000 元

C. 处罚款 1000 元

D. 处罚款 3000 元

11. 杨某驾驶的半挂车超载 52 吨，被公安机关依法扣押于某超限检测站。11月16日早8时，超限检测站工作人员检查被扣押车辆时，发现该车失踪，经查看监控发现，该车于11月16日0时许被杨某开走，遂报警。经询问，杨某对自己转移依法被扣押车辆的行为供认不讳。根据法律规定，可能给予杨某的行政处罚是：（　　）

A. 处行政拘留15日

B. 处行政拘留7日并处罚款500元

C. 处行政拘留3日

D. 处罚款3000元

12. 某县文物保护人员在日常巡查时，发现全国重点文物保护单位的墙体被涂污（涂有电话广告），随即报警。经民警现场核实，当事人陶某（电话机主）涉嫌涂污全国重点文物保护单位。公安机关调查后认为陶某的行为违反了《治安管理处罚法》。根据法律规定，可能给予陶某的行政处罚是：（　　）

A. 处行政拘留10日并处罚款1000元

B. 处行政拘留7日

C. 处行政拘留5日

D. 处罚款500元

13. 某日晚，赵某发现路边停放着一辆轿车，且车门未锁，车钥匙也在车上，便萌生了"开车去兜风"的想法，于是将车开走。因赵某驾驶不当，将车撞在路边树上，造成车辆前保险杠损坏。事后他将车开回，并停放至原停车位。次日，车主发现车辆损坏且有被人驾驶过的痕迹，立即报警。接警后，民警很快锁定了赵某的身份，将其抓获。公安机

关调查后认为赵某的行为违反了《治安管理处罚法》，且情节严重。根据法律规定，可能给予赵某的行政处罚是：（　　）

A. 处行政拘留 10 日并处罚款 1000 元

B. 处行政拘留 3 日并处罚款 500 元

C. 处罚款 1000 元

D. 处罚款 2000 元

14. 某日凌晨 1 时许，崔某将 400 余张印有不雅暗示文字、二维码、网址链接信息的小卡片贴于停放在路边的汽车上。次日，民警将崔某抓获。公安机关调查后认为崔某的行为违反了《治安管理处罚法》。根据法律规定，可能给予崔某的行政处罚是：（　　）

A. 处行政拘留 10 日并处罚款 2000 元

B. 处行政拘留 7 日并处罚款 1000 元

C. 处行政拘留 5 日

D. 处罚款 2000 元

15. 代某在自家院中非法种植罂粟 42 株，在成熟前代某自行铲除。对于本案，下列说法正确的是：（　　）

A. 应给予代某行政拘留 5 日

B. 应给予代某行政拘留 3 日

C. 应给予代某罚款 500 元

D. 不予处罚

16. 吸食、注射毒品的，可以同时责令其（　　）以内不得进入娱乐场所、不得擅自接触涉及毒品违法犯罪人员。违反规定的，处 5 日以下拘留或者 1000 元以下罚款。

A. 3个月至6个月　　　　B. 6个月至1年

C. 6个月至2年　　　　　D. 1年至2年

17. 某日，派出所对辖区内的某宾馆进行治安检查时发现，宾馆工作人员张某正在利用手机向在宾馆某房间赌博的人通风报信。经询问，张某对其通风报信的行为供认不讳。公安机关调查后认为张某的行为违反了《治安管理处罚法》，但情节较轻。根据法律规定，可能给予张某的行政处罚是：（　　）

A. 处行政拘留15日　　　B. 处行政拘留10日

C. 处行政拘留7日　　　　D. 处行政拘留3日

18. 某小区居民张某经常深夜在家中用音响高歌，噪声扰民。物业、居委会多次上门劝阻无果，居民遂报警。公安机关调查后认为张某的行为违反了《治安管理处罚法》，且情节严重。根据法律规定，可能给予张某的行政处罚是：（　　）

A. 处警告　　　　　　　B. 处行政拘留7日

C. 处行政拘留3日　　　　D. 处罚款1000元

（三）多项选择题

1. 关于《治安管理处罚法》中的从重处罚，下列说法正确的是：（　　）

A. 阻碍人民警察依法执行职务的，从重处罚

B. 冒充军警人员招摇撞骗的，从重处罚

C. 利用信息网络传播的淫秽信息中涉及未成年人的，从重处罚

D. 聚众吸食毒品的，对首要分子依照《治安管理处罚法》第84条第1款的规定从重处罚

2. 出租、出借国家机关、人民团体、企业、事业单位或者其他组织的（　　）供他人非法使用的，处10日以上15日以下拘留，可以并处5000元以下罚款；情节较轻的，处5日以上10日以下拘留，可以并处3000元以下罚款。

   A. 公文　　　　　　　　B. 证件
   C. 证明文件　　　　　　D. 印章

3. 从事旅馆业经营活动（　　），对其直接负责的主管人员和其他直接责任人员处1000元以上3000元以下罚款；情节严重的，处5日以下拘留，可以并处3000元以上5000元以下罚款。

   A. 明知住宿人员违反规定将危险物质带入住宿区域，不予制止的
   B. 明知住宿人员是犯罪嫌疑人员或者被公安机关通缉的人员，不向公安机关报告的
   C. 明知住宿人员利用旅馆实施犯罪活动，不向公安机关报告的
   D. 为身份不明、拒绝登记身份信息的人提供住宿服务的

4. 非法（　　）窃听、窃照专用器材的，处5日以下拘留或者1000元以上3000元以下罚款；情节较重的，处5日以上10日以下拘留，并处3000元以上5000元以下罚款。

   A. 安装　　　　　　　　B. 拆卸
   C. 使用　　　　　　　　D. 提供

5. 典当业工作人员承接典当的物品，不查验有关证明、不履行

登记手续的,(　　)。

A. 处 1000 元以上 3000 元以下罚款

B. 处 5 日以下拘留

C. 情节严重的,处 5 日以上 10 日以下拘留,并处 1000 元以上 3000 元以下罚款

D. 情节严重的,处 5 日以上 10 日以下拘留,可以并处 1000 元以上 3000 元以下罚款

6. 黄某在社区矫正期间未经社区矫正机关允许,私自外出前往大连。在社区矫正机关要求其返回时,黄某拒不返回,并将手机关机。后社区矫正机关请求公安机关配合协助查找,并提请治安管理处罚。关于本案,下列说法正确的是:(　　)

A. 公安机关应在 5 日以上 10 日以下拘留,可以并处 2000 元以下罚款幅度内给予行政处罚

B. 公安机关应在 5 日以上 10 日以下拘留,可以并处 1000 元以下罚款幅度内给予行政处罚

C. 公安机关认为情节较轻,应在警告或者 1000 元以下罚款幅度内给予行政处罚

D. 公安机关认为情节较轻,应在 5 日以下拘留或者 1000 元以下罚款幅度内给予行政处罚

7. 违反国家规定,在文物保护单位附近进行(　　)等活动,危及文物安全的,处警告或者 500 元以下罚款;情节较重的,处 5 日以上 10 日以下拘留,并处 500 元以上 1000 元以下罚款。

A. 种植花草　　　　　　B. 爆破

C. 钻探 D. 挖掘

8. （　　）他人卖淫的，处 10 日以上 15 日以下拘留，可以并处 5000 元以下罚款；情节较轻的，处 5 日以下拘留或者 1000 元以上 2000 元以下罚款。

   A. 宣传 B. 引诱
   C. 容留 D. 介绍

9. 10 月 3 日，派出所接报警称，某小区有人赌博。民警到达现场检查发现，谢某为赌博提供了场地、麻将桌、麻将、扑克牌等赌具，并收取 40 元台费，白某、徐某、王某、何某以打麻将的形式赌博，且赌资较大。另查明，谢某曾于 5 月 27 日因为赌博提供条件被治安管理处罚。关于本案，下列说法正确的是：（　　）

   A. 应给予白某、徐某、王某、何某 4 人罚款 1000 元的行政处罚
   B. 对谢某的行为应从重处罚，因为其 1 年以内曾受过治安管理处罚
   C. 查获的赌具应当收缴
   D. 如果公安机关调查后发现徐某 7 个月前有盗窃 100 元的违法行为但没有被公安机关发现，根据规定，不再处罚

10. 非法（　　）少量罂粟壳的，处 10 日以上 15 日以下拘留，可以并处 5000 元以下罚款；情节较轻的，处 5 日以下拘留或者 1000 元以下罚款。

    A. 运输 B. 买卖
    C. 储存 D. 使用

11. 派出所民警在某小区工作时发现，居民曹某有吸食毒品的

行为。民警将其传唤至派出所进行现场检测，结果呈阳性，曹某也对自己吸食毒品的违法事实供认不讳。对于本案，下列说法正确的是：（　　）

A. 对吸毒用的工具予以收缴

B. 对曹某处行政拘留 7 日并处罚款 1000 元

C. 对曹某处罚款 1000 元

D. 对曹某处罚款 2000 元

12. 违反国家规定，非法（　　）用于制造毒品的原料、配剂的，处 10 日以上 15 日以下拘留；情节较轻的，处 5 日以上 10 日以下拘留。

A. 生产　　　　　　　　B. 经营

C. 购买　　　　　　　　D. 运输

（四）填空题

1. 拒不执行人民政府在____情况下依法发布的决定、命令的，处警告或者____元以下罚款；情节严重的，处 5 日以上 10 日以下拘留，可以并处 1000 元以下罚款。

2. 盗用____个人、组织的身份、名义或者以其他虚假身份招摇撞骗的，处 5 日以下拘留或者____元以下罚款；情节较重的，处 5 日以上 10 日以下拘留，可以并处 1000 元以下罚款。

3. 伪造____船舶户牌，____或者使用伪造、变造的船舶户牌，或者____船舶发动机号码的，处 10 日以上 15 日以下拘留，可以并处 5000 元以下罚款；情节较轻的，处 5 日以上 10 日以下拘留，可以并处 3000 元以下罚款。

4. 被依法____登记或者____登记证书的社会团体、基金会、社会服务机构等社会组织，仍以原社会组织名义进行活动的，处 10 日以上 15 日以下拘留，可以并处 5000 元以下罚款；情节较轻的，处 5 日以上 10 日以下拘留或者 1000 元以上 3000 元以下罚款。

5. 煽动、策划非法集会、游行、示威，不听____的，处 10 日以上 15 日以下拘留。

6. 娱乐场所和公章刻制、机动车修理、报废机动车回收行业经营者违反法律法规关于要求登记信息的规定，不登记信息的，处____；____或者造成后果的，对其直接负责的主管人员和其他直接责任人员处 5 日以下拘留或者 3000 元以下罚款。

7. 伪造、____、毁灭证据或者提供虚假证言、____案情，影响行政执法机关依法办案的，处 5 日以上 10 日以下拘留，可以并处 1000 元以下罚款；情节较轻的，处____或者 1000 元以下罚款。

8. 违反人民法院____判决中的____或者职业禁止决定的，处警告或者 1000 元以下罚款；情节较重的，处 5 日以上 10 日以下拘留，可以并处 1000 元以下罚款。

9. 违反监察机关在监察工作中、司法机关在刑事诉讼中依法采取的禁止接触证人、____、被害人及其近亲属____措施的，处警告或者 1000 元以下罚款；情节较重的，处 5 日以上 10 日以下拘留，可以并处 1000 元以下罚款。

10. 在____停放尸体或者因停放尸体影响他人正常生活、工作秩序，____的，处 5 日以上 10 日以下拘留；情节严重的，

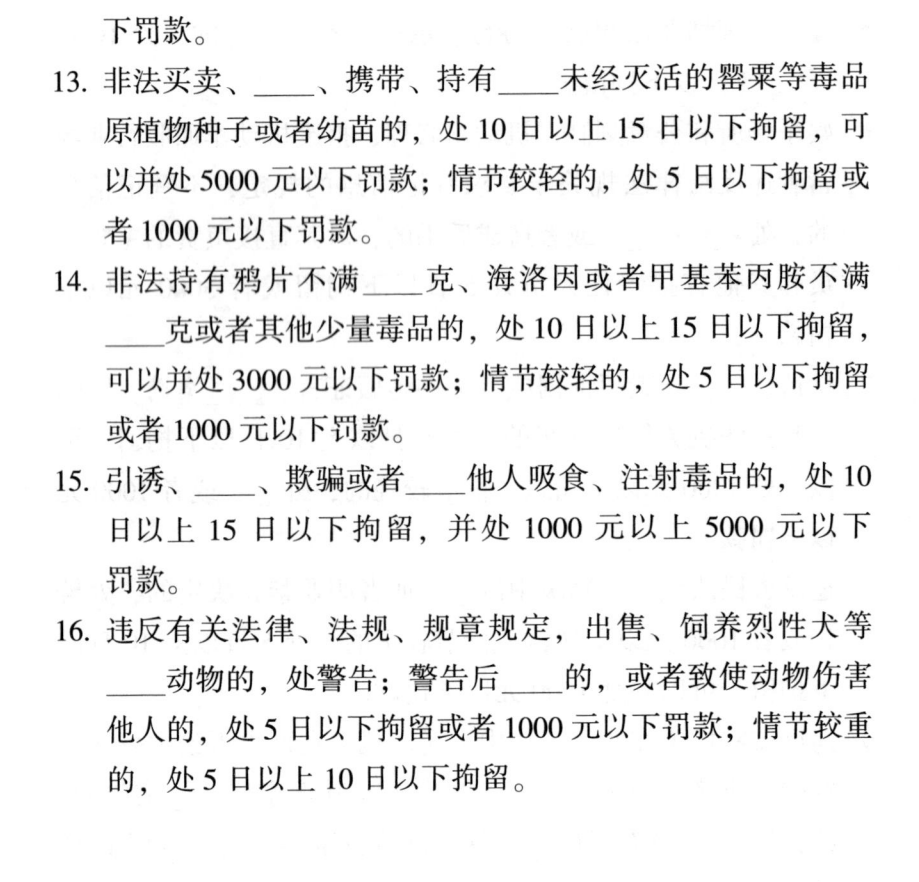

处 10 日以上 15 日以下拘留，可以并处 2000 元以下罚款。

11. 在____拉客招嫖的，处 5 日以下拘留或者 1000 元以下罚款。

12. ____他人从事组织播放淫秽音像活动，为其提供____的，处 10 日以上 15 日以下拘留，并处 1000 元以上 2000 元以下罚款。

13. 非法买卖、____、携带、持有____未经灭活的罂粟等毒品原植物种子或者幼苗的，处 10 日以上 15 日以下拘留，可以并处 5000 元以下罚款；情节较轻的，处 5 日以下拘留或者 1000 元以下罚款。

14. 非法持有鸦片不满____克、海洛因或者甲基苯丙胺不满____克或者其他少量毒品的，处 10 日以上 15 日以下拘留，可以并处 3000 元以下罚款；情节较轻的，处 5 日以下拘留或者 1000 元以下罚款。

15. 引诱、____、欺骗或者____他人吸食、注射毒品的，处 10 日以上 15 日以下拘留，并处 1000 元以上 5000 元以下罚款。

16. 违反有关法律、法规、规章规定，出售、饲养烈性犬等____动物的，处警告；警告后____的，或者致使动物伤害他人的，处 5 日以下拘留或者 1000 元以下罚款；情节较重的，处 5 日以上 10 日以下拘留。

参考答案

（一）判断题

1. ×，解析：根据《治安管理处罚法》第 61 条第 1 款规定，有下列行为之一的，处警告或者 500 元以下罚款；情节严重的，处 5 日以上 10 日以下拘留，可以并处 1000 元以下罚款：（3）阻碍执行紧急任务的消防车、救护车、工程抢险车、警车或者执行上述紧急任务的专用船舶通行的。

2. √，解析：根据《治安管理处罚法》第 63 条规定，有下列行为之一的，处 10 日以上 15 日以下拘留，可以并处 5000 元以下罚款；情节较轻的，处 5 日以上 10 日以下拘留，可以并处 3000 元以下罚款：（1）伪造、变造或者买卖国家机关、人民团体、企业、事业单位或者其他组织的公文、证件、证明文件、印章的。

3. ×，解析：根据《治安管理处罚法》第 63 条规定，有下列行为之一的，处 10 日以上 15 日以下拘留，可以并处 5000 元以下罚款；情节较轻的，处 5 日以上 10 日以下拘留，可以并处 3000 元以下罚款：（4）伪造、变造或者倒卖车票、船票、航空客票、文艺演出票、体育比赛入场券或者其他有价票证、凭证的。公安机关应在 5 日以上 10 日以下拘留，可以并处 3000 元以下罚款的幅度内给予李某行政处罚。

4. √，解析：根据《治安管理处罚法》第 65 条规定。

5. ×，解析：根据《治安管理处罚法》第 67 条第 1 款规定，从事旅馆业经营活动不按规定登记住宿人员姓名、有效身份证件种类和号码等信息的，或者为身份不明、拒绝登记身份信息的人提供住宿服务的，对其直接负责的主管人员和其他直接责任人员处 500 元以上 1000 元以下罚款；情节较轻的，处警告或者 500 元以下罚款。第 119 条规定，违反治安管理行为事实清楚，证据确凿，处警告或者 500 元以下罚款的，可以当场作出治安管理处罚决定。罚款 1000 元的行政处罚无法当场作出。

6. ×，解析：根据《治安管理处罚法》第 71 条规定，有下列行为之一的，处 1000 元以上 3000 元以下罚款；情节严重的，处 5 日以上 10 日以下拘留，并处 1000 元以上 3000 元以下罚款：（2）违反国家规定，收购铁路、油田、供电、电信、矿山、水利、测量和城市公用设施等废旧专用器材的。公安机关应在 1000 元以上 3000 元以下罚款的幅度内给予陈某行政处罚。

7. √，解析：根据《治安管理处罚法》第 72 条规定，有下列行为之一的，处 5 日以上 10 日以下拘留，可以并处 1000 元以下罚款；情节较轻的，处警告或者 1000 元以下罚款：（3）明知是赃物而窝藏、转移或者代为销售的。

8. ×，解析：根据《治安管理处罚法》第 73 条规定，有下列行为之一的，处警告或者 1000 元以下罚款；情节较重的，处 5 日以上 10 日以下拘留，可以并处 1000 元以下罚款：（2）拒不执行公安机关依照《反家庭暴力法》《妇女权益保障法》出具的禁止家庭暴力告诫书、禁止性骚扰告诫书的。

9. √，解析：根据《治安管理处罚法》第 74 条规定。

10. √，解析：根据《治安管理处罚法》第 77 条规定，有下列行为之一的，处 5 日以上 10 日以下拘留；情节严重的，处 10 日以上 15 日以下拘留，可以并处 2000 元以下罚款：（1）故意破坏、污损他人坟墓或者毁坏、丢弃他人尸骨、骨灰的。

11. √，解析：根据《治安管理处罚法》第 78 条规定。

12. ×，解析：根据《治安管理处罚法》第 81 条第 1 款规定，有下列行为之一的，处 10 日以上 15 日以下拘留，并处 1000 元以上 2000 元以下罚款：（1）组织播放淫秽音像的；（2）组织或者进行淫秽表演的；（3）参与聚众淫乱活动的。公安机关应在 10 日以上 15 日以下拘留，并处 1000 元以上 2000 元以下罚款的幅度内给予邓某和两名模特行政处罚。

13. √，解析：根据《治安管理处罚法》第 83 条规定，有下列行为之一的，处 10 日以上 15 日以下拘留，可以并处 5000 元以下罚款；情节较轻的，处 5 日以下拘留或者 1000 元以下罚款：（1）非法种植罂粟不满 500 株或者其他少量毒品原植物的。

14. √，解析：根据《治安管理处罚法》第 84 条规定。

15. ×，解析：根据《治安管理处罚法》第 85 条第 2 款规定，容留他人吸食、注射毒品或者介绍买卖毒品的，处 10 日以上 15 日以下拘留，可以并处 3000 元以下罚款；情节较轻的，处 5 日以下拘留或者 1000 元以下罚款。

16. √，解析：根据《治安管理处罚法》第 89 条第 1 款规定，饲养动物，干扰他人正常生活的，处警告；警告后不改正的，或者放任动物恐吓他人的，处 1000 元以下罚款。

17. ×，解析：根据《治安管理处罚法》第 89 条第 3 款规定，未对动物采取安全措施，致使动物伤害他人的，处 1000 元以下罚款；情节较重的，处 5 日以上 10 日以下拘留。

(二) 单项选择题

1. C，解析：根据《治安管理处罚法》第 61 条规定，有下列行为之一的，处警告或者 500 元以下罚款；情节严重的，处 5 日以上 10 日以下拘留，可以并处 1000 元以下罚款：（2）阻碍国家机关工作人员依法执行职务的。阻碍人民警察依法执行职务的，从重处罚。陈某某阻碍人民警察依法执行职务，情节严重，应在 5 日以上 10 日以下拘留，可以并处 1000 元以下罚款的幅度内从重处罚。

2. A，解析：根据《治安管理处罚法》第 61 条规定，有下列行为之一的，处警告或者 500 元以下罚款；情节严重的，处 5 日以上 10 日以下拘留，可以并处 1000 元以下罚款：（4）强行冲闯公安机关设置的警戒带、警戒区或者检查点的。阻碍人民警察依法执行职务的，从重处罚。

3. D，解析：根据《治安管理处罚法》第 62 条第 1 款规定，冒充国家机关工作人员招摇撞骗的，处 10 日以上 15 日以下拘留，可以并处 1000 元以下罚款；情节较轻的，处 5 日以上 10 日以下拘留。

4. A，解析：根据《治安管理处罚法》第 63 条规定，有下列行为之一的，处 10 日以上 15 日以下拘留，可以并处 5000 元以下罚款；情节较轻的，处 5 日以上 10 日以下拘留，可以并处 3000 元以下罚款：（1）伪造、变造或者买卖国家机关、人民团体、企业、事业单位或者其他组织的公文、证件、证明文件、印章的。

5. D，解析：根据《治安管理处罚法》第 64 条规定，船舶擅自进入、停靠国家禁止、限制进入的水域或者岛屿的，对船舶负责人及有关责任人员处 1000 元以上 2000 元以下罚款；情节严重的，处 5 日以下拘留，可以并处 2000 元以下罚款。

6. B，解析：根据《治安管理处罚法》第 65 条第 1 款规定，有下列行为之一的，处 10 日以上 15 日以下拘留，可以并处 5000 元以下罚款；情节较轻的，处 5 日以上 10 日以下拘留或者 1000 元以上 3000 元以下罚款：（3）未经许可，擅自经营按照国家规定需要由公安机关许可的行业的。

7. D，解析：根据《治安管理处罚法》第 65 条第 1 款、第 2 款规定，有下列行为之一的，处 10 日以上 15 日以下拘留，可以并处 5000 元以下罚款；情节较轻的，处 5 日以上 10 日以下拘留或者 1000 元以上 3000 元以下罚款：（3）未经许可，擅自经营按照国家规定需要由公安机关许可的行业的。有前款第 3 项行为的，予以取缔。被取缔 1 年以内又实施的，处 10 日以上 15 日以下拘留，并处 3000 元以上 5000 元以下罚款。

8. C，解析：根据《治安管理处罚法》第 68 条第 1 款规定，房屋出租人将房屋出租给身份不明、拒绝登记身份信息的人的，或者不按规定登记承租人姓名、有效身份证件种类和号码等信息的，处 500 元以上 1000 元以下罚款；情节较轻的，处警告或者 500 元以下罚款。

9. B，解析：根据《治安管理处罚法》第 68 条第 2 款规定，房屋出租人明知承租人利用出租房屋实施犯罪活动，不向公安机关报告的，处 1000 元以上 3000 元以下罚款；情节严重的，处 5 日以下拘留，可以并处 3000 元以上 5000 元以下罚款。

10. B，解析：根据《治安管理处罚法》第 71 条规定，有下列行为之一的，处 1000 元以上 3000 元以下罚款；情节严重的，处 5 日以上 10 日以下拘留，并处 1000 元以上 3000 元以下罚款：(3) 收购公安机关通报寻查的赃物或者有赃物嫌疑的物品的。

11. B，解析：根据《治安管理处罚法》第 72 条规定，有下列行为之一的，处 5 日以上 10 日以下拘留，可以并处 1000 元以下罚款；情节较轻的，处警告或者 1000 元以下罚款：（1）隐藏、转移、变卖、擅自使用或者损毁行政执法机关依法扣押、查封、冻结、扣留、先行登记保存的财物的。

12. D，解析：根据《治安管理处罚法》第 75 条规定，有下列行为之一的，处警告或者 500 元以下罚款；情节较重的，处 5 日以上 10 日以下拘留，并处 500 元以上 1000 元以下罚款：（1）刻划、涂污或者以其他方式故意损坏国家保护的文物、名胜古迹的；（2）违反国家规定，在文物保护单位附近进行爆破、钻探、挖掘等活动，危及文物安全的。

13. A，解析：根据《治安管理处罚法》第 76 条规定，有下列行为之一的，处 1000 元以上 2000 元以下罚款；情节严重的，处 10 日以上 15 日以下拘留，可以并处 2000 元以下罚款：（1）偷开他人机动车的；（2）未取得驾驶证驾驶或者偷开他人航空器、机动船舶的。

14. A，解析：根据《治安管理处罚法》第 80 条第 1 款规定，制作、运输、复制、出售、出租淫秽的书刊、图片、影片、音像制品等淫秽物品或者利用信息网络、电话以及其他通讯工具传播淫秽信息的，处10日以上15日以下拘留，可以并处5000元以下罚款；情节较轻的，处5日以下拘留或者1000元以上3000元以下罚款。

15. D，解析：根据《治安管理处罚法》第83条规定，有下列行为之一的，处10日以上15日以下拘留，可以并处5000元以下罚款；情节较轻的，处5日以下拘留或者1000元以下罚款：（1）非法种植罂粟不满500株或者其他少量毒品原植物的；（2）非法买卖、运输、携带、持有少量未经灭活的罂粟等毒品原植物种子或者幼苗的；（3）非法运输、买卖、储存、使用少量罂粟壳的。有前款第1项行为，在成熟前自行铲除的，不予处罚。

16. B，解析：根据《治安管理处罚法》第84条第3款规定，吸食、注射毒品的，可以同时责令其6个月至1年以内不得进入娱乐场所、不得擅自接触涉及毒品违法犯罪人员。违反规定的，处5日以下拘留或者1000元以下罚款。

17. D，解析：根据《治安管理处罚法》第87条规定，旅馆业、饮食服务业、文化娱乐业、出租汽车业等单位的人员，在公安机关查处吸毒、赌博、卖淫、嫖娼活动时，为违法犯罪行为人通风报信的，或者以其他方式为上述活动提供条件的，处10日以上15日以下拘留；情节较轻的，处5日以下拘留或者1000元以上2000元以下罚款。

18. B，解析：根据《治安管理处罚法》第88条规定，违反关于社会生活噪声污染防治的法律法规规定，产生社会生活噪声，经基层群众性自治组织、业主委员会、物业服务人、有关部门依法劝阻、调解和处理未能制止，继续干扰他人正常生活、工作和学习的，处5日以下拘留或者1000元以下罚款；情节严重的，处5日以上10日以下拘留，可以并处1000元以下罚款。

（三）多项选择题

1. ABCD，解析：根据《治安管理处罚法》第61条第2款规定，阻碍人民警察依法执行职务的，从重处罚。第62条第2款规定，冒充军警人员招摇撞骗的，从重处罚。第 80 条规定，制作、运输、复制、出售、出租淫秽的书刊、图片、影片、音像制品等淫秽物品或者利用信息网络、电话以及其他通讯工具传播淫秽信息的，处 10 日以上 15 日以下拘留，可以并处 5000 元以下罚款；情节较轻的，处 5 日以下拘留或者 1000 元以上 3000 元以下罚款。前款规定的淫秽物品或者淫秽信息中涉及未成年人的，从重处罚。第 84 条第 1 款、第 2 款规定，有下列行为之一的，处 10 日以上 15 日以下拘留，可以并处 3000 元以下罚款；情节较轻的，处 5 日以下拘留或 1000 元以下罚款：（1）非法持有鸦片不满 200 克、海洛因或者甲基苯丙胺不满 10 克或者其他少量毒品的；（2）向他人提供毒品的；（3）吸食、注射毒品的；（4）胁迫、欺骗医务人员开具麻醉药品、精神药品的。聚众、组织吸食、注射毒品的，对首要分子、组织者依照前款的规定从重处罚。

2. ABCD，解析：根据《治安管理处罚法》第 63 条规定，有下列行为之一的，处 10 日以上 15 日以下拘留，可以并处 5000 元以下罚款；情节较轻的，处 5 日以上 10 日以下拘留，可以并处 3000 元以下罚款：（2）出租、出借国家机关、人民团体、企业、事业单位或者其他组织的公文、证件、证明文件、印章供他人非法使用的。

3. ABC，解析：根据《治安管理处罚法》第 67 条规定，从事旅馆业经营活动不按规定登记住宿人员姓名、有效身份证件种类和号码等信息的，或者为身份不明、拒绝登记身份信息的人提供住宿服务的，对其直接负责的主管人员和其他直接责任人员处 500 元以上 1000 元以下罚款；情节较轻的，处警告或者 500 元以下罚款。实施前款行为，妨害反恐怖主义工作进行，违反《反恐怖主义法》规定的，依照其规定处罚。从事旅馆业经营活动有下列行为之一的，对其直接负责的主管人员和其他直接责任人员处 1000 元以上 3000 元以下罚款；情节严重的，处 5 日以下拘留，可以并处 3000 元以上 5000 元以下罚款：（1）明知住宿人员违反规定将危险物质带入住宿区域，不予制止的；（2）明知住宿人员是犯罪嫌疑人员或者被公安机关通缉的人员，不向公安机关报告的；（3）明知住宿人员利用旅馆实施犯罪活动，不向公安机关报告的。

4. ACD，解析：根据《治安管理处罚法》第70条规定，非法安装、使用、提供窃听、窃照专用器材的，处5日以下拘留或者1000元以上3000元以下罚款；情节较重的，处5日以上10日以下拘留，并处3000元以上5000元以下罚款。

5. AC，解析：根据《治安管理处罚法》第71条规定，有下列行为之一的，处1000元以上3000元以下罚款；情节严重的，处5日以上10日以下拘留，并处1000元以上3000元以下罚款：（1）典当业工作人员承接典当的物品，不查验有关证明、不履行登记手续的，或者违反国家规定对明知是违法犯罪嫌疑人、赃物而不向公安机关报告的。

6. BC，解析：根据《治安管理处罚法》第72条规定，有下列行为之一的，处5日以上10日以下拘留，可以并处1000元以下罚款；情节较轻的，处警告或者1000元以下罚款：（4）被依法执行管制、剥夺政治权利或者在缓刑、暂予监外执行中的罪犯或者被依法采取刑事强制措施的人，有违反法律、行政法规或者国务院有关部门的监督管理规定的行为的。

7. BCD，解析：根据《治安管理处罚法》第75条规定，有下列行为之一的，处警告或者500元以下罚款；情节较重的，处5日以上10日以下拘留，并处500元以上1000元以下罚款：（1）刻划、涂污或者以其他方式故意损坏国家保护的文物、名胜古迹的；（2）违反国家规定，在文物保护单位附近进行爆破、钻探、挖掘等活动，危及文物安全的。

8. BCD，解析：根据《治安管理处罚法》第79条规定，引诱、容留、介绍他人卖淫的，处10日以上15日以下拘留，可以并处

5000 元以下罚款；情节较轻的，处 5 日以下拘留或者 1000 元以上 2000 元以下罚款。

9. ABCD，解析：根据《治安管理处罚法》第 11 条第 1 款规定，办理治安案件所查获的毒品、淫秽物品等违禁品，赌具、赌资，吸食、注射毒品的用具以及直接用于实施违反治安管理行为的本人所有的工具，应当收缴，按照规定处理。C 正确。第 22 条规定，违反治安管理有下列情形之一的，从重处罚：（4）1 年以内曾受过治安管理处罚的。第 25 条规定，违反治安管理行为在 6 个月以内没有被公安机关发现的，不再处罚。D 正确。第 82 条规定，以营利为目的，为赌博提供条件的，或者参与赌博赌资较大的，处 5 日以下拘留或者 1000 元以下罚款；情节严重的，处 10 日以上 15 日以下拘留，并处 1000 元以上 5000 元以下罚款。

10. ABCD，解析：根据《治安管理处罚法》第 83 条第 1 款规定，有下列行为之一的，处 10 日以上 15 日以下拘留，可以并处 5000 元以下罚款；情节较轻的，处 5 日以下拘留或者 1000 元以下罚款：（3）非法运输、买卖、储存、使用少量罂粟壳的。

11. AC，解析：根据《治安管理处罚法》第 11 条规定，办理治安案件所查获的毒品、淫秽物品等违禁品，赌具、赌资，吸食、注射毒品的用具以及直接用于实施违反治安管理行为的本人所有的工具，应当收缴，按照规定处理。第 84 条第 1 款规定，有下列行为之一的，处 10 日以上 15 日以下拘留，可以并处 3000 元以下罚款；情节较轻的，处 5 日以下拘留或者 1000 元以下罚款：（3）吸食、注射毒品的。

12. ABCD，解析：根据《治安管理处罚法》第 86 条规定，违反国家规定，非法生产、经营、购买、运输用于制造毒品的原料、配剂的，处 10 日以上 15 日以下拘留；情节较轻的，处 5 日以上 10 日以下拘留。

(四) 填空题

1. 紧急状态；500。(《治安管理处罚法》第61条)

2. 冒用；1000。(《治安管理处罚法》第62条)

3. 变造；买卖；涂改。(《治安管理处罚法》第63条)

4. 撤销；吊销。(《治安管理处罚法》第65条)

5. 劝阻。(《治安管理处罚法》第66条)

6. 警告；拒不改正。(《治安管理处罚法》第69条)

7. 隐匿；谎报；警告。(《治安管理处罚法》第72条)

8. 刑事；禁止令。(《治安管理处罚法》第73条)

9. 鉴定人；保护。(《治安管理处罚法》第73条)

10. 公共场所；不听劝阻。(《治安管理处罚法》第77条)

11. 公共场所。(《治安管理处罚法》第78条)

12. 明知；条件。(《治安管理处罚法》第81条)

13. 运输；少量。(《治安管理处罚法》第83条)

14. 200；10。(《治安管理处罚法》第84条)

15. 教唆；强迫。(《治安管理处罚法》第85条)

16. 危险；不改正。(《治安管理处罚法》第89条)

第四章　处罚程序

第一节　调　查

(一) 判断题

1. 公安机关对报案、控告、举报或者违反治安管理行为人主动投案，以及其他国家机关移送的违反治安管理案件，应当立即立案并进行调查；认为不属于违反治安管理行为的，应当告知报案人、控告人、举报人、投案人，并书面说明理由。(　　)

2. 公安机关办理治安案件，有权向有关单位和个人收集、调取证据。有关单位和个人应当如实提供证据。(　　)

3. 公安机关及其人民警察在办理治安案件时，对涉及的国家秘密、商业秘密、个人隐私或者个人信息，应当予以保密。(　　)

4. 对违反治安管理行为人，公安机关传唤后应当及时询问查证。同时公安机关应当在违反治安管理行为人到达询问查证地点 4 个小时后将传唤的原因和处所通知被传唤人家属。(　　)

5. 人民警察在公安机关以外询问被侵害人或者其他证人，应当出示人民警察证。(　　)

6. 通过远程视频方式询问的，应当向被询问人宣读询问笔录，被询问人确认笔录无误后，询问的人民警察应当在笔录上注

明。询问和宣读过程可以全程同步录音录像。（　　）

7. 提取或者采集被侵害人的信息或者样本，应当征得被侵害人或者其监护人同意。（　　）

8. 公安机关对与违反治安管理行为有关的场所进行检查的，经县级以上人民政府公安机关负责人批准，使用检查证检查。（　　）

9. 对扣押的物品，应当会同在场见证人和被扣押物品持有人查点清楚，当场开列清单一式三份，由调查人员、见证人和持有人签名或者盖章，一份交给持有人，一份附卷备查，一份交给见证人。（　　）

10. 公安机关在规范设置、严格管理的执法办案场所进行询问、扣押、辨认的，或者进行调解的，应当由 1 名人民警察进行。（　　）

（二）单项选择题

1. 张某因未经批准，安装、使用电网而被公安机关立案调查。在调查过程中，民警李某采用引诱、欺骗等非法手段收集相关证据。对于这些证据，下列说法正确的是：（　　）
   A. 以非法手段收集的证据不得作为处罚的根据
   B. 经公安机关负责人批准，可以作为处罚的根据
   C. 经上一级公安机关负责人批准，可以作为处罚的根据
   D. 经同级人大常委会同意批准，可以作为处罚的根据

2. 人民警察的回避，由其所属的公安机关决定；公安机关负责人的回避，由（　　）决定。
   A. 同级人民政府　　　　　　B. 上一级人民政府
   C. 同级人大常委会　　　　　D. 上一级公安机关

3. 对违反治安管理行为人，公安机关传唤后应当及时询问查证，询问查证的时间不得超过（　　）小时；涉案人数众多、违反治安管理行为人身份不明的，询问查证的时间不得超过（　　）小时；情况复杂，依照本法规定可能适用行政拘留处罚的，询问查证的时间不得超过（　　）小时。

   A. 8；12；24　　　　　　　　B. 8；12；36
   C. 12；24；36　　　　　　　D. 12；24；48

4. 根据《治安管理处罚法》的规定，关于询问笔录，下列说法正确的是：（　　）

   A. 对没有阅读能力的被询问人，可以向其宣读询问笔录
   B. 记载有遗漏或者差错的，被询问人可以提出补充或者更正
   C. 被询问人确认笔录无误后，可以签名、盖章或者按指印
   D. 询问的人民警察可以在笔录上签名

5. 根据《治安管理处罚法》的规定，下列关于检查违反治安管理行为人的人身的说法正确的是：（　　）

   A. 公安机关对违反治安管理行为人的人身应当进行检查
   B. 检查时，人民警察不得少于2人，并应当出示人民警察证
   C. 检查妇女的身体，应当由女医师进行
   D. 应当全程同步录音录像

6. 经查明与案件无关或者经核实属于被侵害人或者他人合法财产的，应当登记后立即退还；满（　　）无人对该财产主张权利或者无法查清权利人的，应当公开拍卖或者按照国家有关规定处理，所得款项上缴国库。

   A. 2个月　　　　　　　　　B. 3个月
   C. 6个月　　　　　　　　　D. 1年

(三) 多项选择题

1. 公安机关向有关单位和个人收集、调取证据时，应当告知其必须如实提供证据，以及（　　）证据或者提供虚假证言应当承担的法律责任。
   A. 伪造　　　　　　　B. 变造
   C. 隐匿　　　　　　　D. 毁灭

2. 公安机关对参与赌博的张某、李某、王某、刘某进行立案调查。民警黄某在办理该案的过程中，遇有哪些情形时，应当回避？（　　）
   A. 黄某是张某的舅舅
   B. 黄某的姐夫与本案有利害关系
   C. 黄某与王某有私怨，可能影响案件公正处理
   D. 黄某与刘某共同出席过一场新闻发布会，但二人并不认识

3. 杨某携带自家冰箱里的过期食品恶意向某超市施加压力进而敲诈勒索钱财。某超市报警后，公安机关依法传唤杨某。关于治安管理处罚中的传唤，下列说法正确的是：（　　）
   A. 传唤杨某接受调查，需经公安机关办案部门负责人批准，使用传唤证传唤
   B. 如在现场发现杨某，人民警察经出示人民警察证，可以口头传唤，但应当在询问笔录中注明
   C. 公安机关应当将传唤的原因和依据告知杨某
   D. 如杨某逃避传唤，经公安机关办案部门负责人批准，可以强制传唤

4. 刘某因伪造公司印章被公安机关依法传唤。根据《治安管

理处罚法》的规定，对刘某的询问查证，下列说法正确的是：（   ）

A. 对刘某的询问查证时间不得超过8小时
B. 在执法办案场所询问刘某，应当全程同步录音录像
C. 询问查证期间，公安机关应当保证刘某的饮食、必要的休息时间等正当需求
D. 询问笔录应当交刘某核对

5. 李某（17岁）因盗窃他人财物（价值1200元）被公安机关依法传唤至某派出所。根据《治安管理处罚法》的规定，关于对李某的询问，下列说法正确的是：（   ）

A. 应当通知李某父母或者其他监护人到场
B. 应当通知李某其他成年亲属到场，并将有关情况记录在案
C. 应当通知李某所在学校、单位、居住地基层组织或者未成年人保护组织的代表等合适成年人到场，并将有关情况记录在案
D. 确实无法通知或者通知后未到场的，应当在笔录中注明

6. 人民警察询问被侵害人，可以（   ）。

A. 在现场进行
B. 到其所在单位进行
C. 到其住处进行
D. 到其提出的地点进行

7. 根据《治安管理处罚法》的规定，下列说法正确的是：（   ）

A. 询问聋哑的违反治安管理行为人，可以有通晓手语等交流方式的人提供帮助
B. 询问聋哑的被侵害人，应当有通晓手语等交流方式的人提供帮助，并在笔录上注明
C. 询问不通晓当地通用的语言文字的违反治安管理行为人，

可以配备翻译人员

D. 询问不通晓当地通用的语言文字的被侵害人，应当配备翻译人员，并在笔录上注明

8. 李某因吸食毒品被公安机关传唤至派出所。派出所民警要对其进行现场检测，需要采集其血液。根据《治安管理处罚法》的规定，关于采集李某的血液，下列说法正确的是：（　　）

A. 经公安机关办案部门负责人批准后进行

B. 经公安机关负责人批准后进行

C. 采集李某的血液后，不得重复采集

D. 采集李某的血液后，可以重复采集

9. 陈某身穿假的城管制服，到某市场进行招摇撞骗活动，被正在执法的城管队员及时发现并报警。公安机关依法传唤陈某，并扣押了假的城管制服。根据《治安管理处罚法》的规定，关于物品的扣押，下列说法正确的是：（　　）

A. 公安机关办理治安案件，对与案件有关的需要作为证据的物品，可以扣押

B. 对扣押的物品，应当妥善保管，不得挪作他用

C. 实施扣押前应当报经公安机关负责人批准

D. 因情况紧急或者物品价值不大，当场实施扣押的，人民警察应当及时向其所属公安机关负责人报告，并补办批准手续

10. 为了查明案情，需要解决案件中有争议的专门性问题的，应当（　　）具有专门知识的人员进行鉴定；鉴定人鉴定后，应当写出鉴定意见，并且签名。

A. 指派　　　　　　　　B. 聘请

C. 指定　　　　　　　　D. 雇佣

11. 根据《治安管理处罚法》的规定，下列关于辨认的说法正确的是：（　　）

    A. 为了查明案情，人民警察可以让违反治安管理行为人对与违反治安管理行为有关的场所、物品进行辨认

    B. 为了查明案情，人民警察可以让被侵害人对违反治安管理行为人进行辨认

    C. 为了查明案情，人民警察可以让违反治安管理行为人对其他违反治安管理行为人进行辨认

    D. 辨认应当制作辨认笔录，由人民警察和辨认人签名、盖章或者按指印

12. 公安机关在规范设置、严格管理的执法办案场所由 1 名人民警察进行（　　）的，应当全程同步录音录像。未按规定全程同步录音录像或者录音录像资料损毁、丢失的，相关证据不能作为处罚的根据。

    A. 询问 　　　　　　B. 扣押
    C. 辨认 　　　　　　D. 调解

（四）填空题

1. 公安机关及其人民警察对治安案件的调查，应当＿＿＿进行。严禁＿＿＿或者采用＿＿＿、引诱、欺骗等非法手段收集证据。

2. 在办理＿＿＿过程中以及其他执法办案机关在移送案件前依法收集的物证、书证、视听资料、电子数据等证据材料，＿＿＿作为治安案件的证据使用。

3. 被询问人要求就被询问事项自行提供书面材料的，＿＿＿准许；＿＿＿时，人民警察也可以要求被询问人自行书写。

4. 违反治安管理行为人、被侵害人或者其他证人在异地的，公

安机关可以委托异地公安机关____询问，也可以通过公安机关的视频系统____询问。

5. 检查公民住所应当出示____以上人民政府公安机关开具的检查证。

6. 检查的情况应当制作检查笔录，由检查人、被检查人和见证人签名、盖章或者按指印；被检查人____或者被检查人、见证人____签名的，人民警察应当在笔录上注明。

7. 公安机关办理治安案件，对与案件有关的需要作为____的物品，可以扣押；对被侵害人或者____第三人合法占有的财产，不得扣押，应当予以登记，但是对其中与案件有关的必须鉴定的物品，可以扣押，鉴定后应当立即____。

8. 公安机关进行询问、辨认、勘验，实施行政强制措施等调查取证工作时，人民警察不得少于____人。

参考答案

（一）判断题

1. ×，解析：根据《治安管理处罚法》第90条规定，公安机关对报案、控告、举报或者违反治安管理行为人主动投案，以及其他国家机关移送的违反治安管理案件，应当立即立案并进行调查；认为不属于违反治安管理行为的，应当告知报案人、控告人、举报人、投案人，并说明理由。

2. √，解析：根据《治安管理处罚法》第92条规定。

3. √，解析：根据《治安管理处罚法》第94条规定。

4. ×，解析：根据《治安管理处罚法》第97条第1款、第2款规定，对违反治安管理行为人，公安机关传唤后应当及时询问查证，询问查证的时间不得超过8小时；涉案人数众多、违反治安管理行为人身份不明的，询问查证的时间不得超过 12 小时；情况复杂，依照本法规定可能适用行政拘留处罚的，询问查证的时间不得超过 24 小时。在执法办案场所询问违反治安管理行为人，应当全程同步录音录像。公安机关应当及时将传唤的原因和处所通知被传唤人家属。

5. √，解析：根据《治安管理处罚法》第 99 条规定。

6. ×，解析：根据《治安管理处罚法》第 100 条第 2 款规定，通过远程视频方式询问的，应当向被询问人宣读询问笔录，被询问人确认笔录无误后，询问的人民警察应当在笔录上注明。询问和宣读过程应当全程同步录音录像。

7. √，解析：根据《治安管理处罚法》第 102 条规定。

8. √，解析：根据《治安管理处罚法》第 103 条规定。

9. ×，解析：根据《治安管理处罚法》第 105 条第 2 款规定，对扣押的物品，应当会同在场见证人和被扣押物品持有人查点清楚，当场开列清单一式二份，由调查人员、见证人和持有人签名或者盖章，一份交给持有人，另一份附卷备查。

10. ×，解析：根据《治安管理处罚法》第 108 条第 2 款规定，公安机关在规范设置、严格管理的执法办案场所进行询问、扣押、辨认的，或者进行调解的，可以由 1 名人民警察进行。

（二）单项选择题

1. A，解析：根据《治安管理处罚法》第 91 条规定，公安机关及其人民警察对治安案件的调查，应当依法进行。严禁刑讯逼供或者采用威胁、引诱、欺骗等非法手段收集证据。以非法手段收集的证据不得作为处罚的根据。

2. D，解析：根据《治安管理处罚法》第 95 条规定，人民警察在办理治安案件过程中，遇有下列情形之一的，应当回避；违反治安管理行为人、被侵害人或者其法定代理人也有权要求他们回避：（1）是本案当事人或者当事人的近亲属的；（2）本人或者其近亲属与本案有利害关系的；(3) 与本案当事人有其他关系，可能影响案件公正处理的。人民警察的回避，由其所属的公安机关决定；公安机关负责人的回避，由上一级公安机关决定。

3. A，解析：根据《治安管理处罚法》第97条第1款规定，对违反治安管理行为人，公安机关传唤后应当及时询问查证，询问查证的时间不得超过8小时；涉案人数众多、违反治安管理行为人身份不明的，询问查证的时间不得超过12小时；情况复杂，依照本法规定可能适用行政拘留处罚的，询问查证的时间不得超过24小时。在执法办案场所询问违反治安管理行为人，应当全程同步录音录像。

4. B，解析：根据《治安管理处罚法》第98条第1款规定，询问笔录应当交被询问人核对；对没有阅读能力的，应当向其宣读。记载有遗漏或者差错的，被询问人可以提出补充或者更正。被询问人确认笔录无误后，应当签名、盖章或者按指印，询问的人民警察也应当在笔录上签名。

5. B，解析：根据《治安管理处罚法》第103条规定，公安机关对与违反治安管理行为有关的场所或者违反治安管理行为人的人身、物品可以进行检查。检查时，人民警察不得少于2人，并应当出示人民警察证。对场所进行检查的，经县级以上人民政府公安机关负责人批准，使用检查证检查；对确有必要立即进行检查的，人民警察经出示人民警察证，可以当场检查，并应当全程同步录音录像。检查公民住所应当出示县级以上人民政府公安机关开具的检查证。检查妇女的身体，应当由女性工作人员或者医师进行。

6. C，解析：根据《治安管理处罚法》第105条第4款规定，对扣押的物品，应当妥善保管，不得挪作他用；对不宜长期保存的物品，按照有关规定处理。经查明与案件无关或者经核实属于被侵害人或者他人合法财产的，应当登记后立即退还；满6个月无人对该财产主张权利或者无法查清权利人的，应当公开拍卖或者按照国家有关规定处理,所得款项上缴国库。

(三) 多项选择题

1. ACD,解析:根据《治安管理处罚法》第92条第2款规定,公安机关向有关单位和个人收集、调取证据时,应当告知其必须如实提供证据,以及伪造、隐匿、毁灭证据或者提供虚假证言应当承担的法律责任。

2. ABC,解析:根据《治安管理处罚法》第95条第1款规定,人民警察在办理治安案件过程中,遇有下列情形之一的,应当回避;违反治安管理行为人、被侵害人或者其法定代理人也有权要求他们回避:(1) 是本案当事人或者当事人的近亲属的;(2) 本人或者其近亲属与本案有利害关系的;(3) 与本案当事人有其他关系,可能影响案件公正处理的。

3. ABCD,解析:根据《治安管理处罚法》第96条规定,需要传唤违反治安管理行为人接受调查的,经公安机关办案部门负责人批准,使用传唤证传唤。对现场发现的违反治安管理行为人,人民警察经出示人民警察证,可以口头传唤,但应当在询问笔录中注明。公安机关应当将传唤的原因和依据告知被传唤人。对无正当理由不接受传唤或者逃避传唤的人,经公安机关办案部门负责人批准,可以强制传唤。

4. ABCD,解析:根据《治安管理处罚法》第97条规定,对违反治安管理行为人,公安机关传唤后应当及时询问查证,询问查证的时间不得超过8小时;涉案人数众多、违反治安管理行为人身份不明的,询问查证的时间不得超过12小时;情况复杂,依照本法规定可能适用行政拘留处罚的,询问查证的时间不得超过24小时。在执法办案场所询问违反治安管理行为人,应当全程同步录音录像。公安机关应当及时将传唤的原因和处所通知被传唤人家属。询问查证期间,公安机关应当保证违反治安管理行为人的饮食、必要的休息时间等正当需求。第98条第1款规定,询问笔录应当交被询问人核对；对没有阅读能力的，应当向其宣读。记载有遗漏或者差错的，被询问人可以提出补充或者更正。被询问人确认笔录无误后，应当签名、盖章或者按指印，询问的人民警察也应当在笔录上签名。

5. AD，解析：根据《治安管理处罚法》第98条第3款规定，询问不满18周岁的违反治安管理行为人，应当通知其父母或者其他监护人到场；其父母或者其他监护人不能到场的，也可以通知其他成年亲属，所在学校、单位、居住地基层组织或者未成年人保护组织的代表等合适成年人到场，并将有关情况记录在案。确实无法通知或者通知后未到场的，应当在笔录中注明。

6. ABCD，解析：根据《治安管理处罚法》第99第1款条规定，人民警察询问被侵害人或者其他证人，可以在现场进行，也可以到其所在单位、住处或者其提出的地点进行；必要时，也可以通知其到公安机关提供证言。

7. BD，解析：根据《治安管理处罚法》第101条规定，询问聋哑的违反治安管理行为人、被侵害人或者其他证人，应当有通晓手语等交流方式的人提供帮助，并在笔录上注明。询问不通晓当地通用的语言文字的违反治安管理行为人、被侵害人或者其他证人，应当配备翻译人员，并在笔录上注明。

8. AC，解析：根据《治安管理处罚法》第102条规定，为了查明案件事实，确定违反治安管理行为人、被侵害人的某些特征、伤害情况或者生理状态，需要对其人身进行检查，提取或者采集肖像、指纹信息和血液、尿液等生物样本的，经公安机关办案部门负责人批准后进行。对已经提取、采集的信息或者样本，不得重复提取、采集。提取或者采集被侵害人的信息或者样本，应当征得被侵害人或者其监护人同意。

9. ABCD，解析：根据《治安管理处罚法》第105条规定，公安机关办理治安案件，对与案件有关的需要作为证据的物品，可以扣押；对被侵害人或者善意第三人合法占有的财产，不得扣押，应当予以登记，但是对其中与案件有关的必须鉴定的物品，可以扣押，鉴定后应当立即解除。对与案件无关的物品，不得扣押。对扣押的物品，应当会同在场见证人和被扣押物品持有人查点清楚，当场开列清单一式二份，由调查人员、见证人和持有人签名或者盖章，一份交给持有人，另一份附卷备查。实施扣押前应当报经公安机关负责人批准；因情况紧急或者物品价值不大，当场实施扣押的，人民警察应当及时向其所属公安机关负责人报告，并补办批准手续。公安机关负责人认为不应当扣押的，应当立即解除。当场实施扣押的，应当全程同步录音录像。对扣押的物品，应当妥善保管，不得挪作他用；对不宜长期保存的物品，按照有关规定处理。经查明与案件无关或者经核实属于被侵害人或者他人合法财产的，应当登记后立即退还；满 6 个月无人对该财产主张权利或者无法查清权利人的，应当公开拍卖或者按照国家有关规定处理，所得款项上缴国库。

10. AB，解析：根据《治安管理处罚法》第 106 条规定，为了查明案情，需要解决案件中有争议的专门性问题的，应当指派或者聘请具有专门知识的人员进行鉴定；鉴定人鉴定后，应当写出鉴定意见，并且签名。

11. ABCD，解析：根据《治安管理处罚法》第 107 条规定，为了查明案情，人民警察可以让违反治安管理行为人、被侵害人和其他证人对与违反治安管理行为有关的场所、物品进行辨认，也可以让被侵害人、其他证人对违反治安管理行为人进行辨认，或者让违反治安管理行为人对其他违反治安管理行为人进行辨认。辨认应当制作辨认笔录，由人民警察和辨认人签名、盖章或者按指印。

12. ABCD，解析：根据《治安管理处罚法》第 108 条规定，公安机关进行询问、辨认、勘验，实施行政强制措施等调查取证工作时，人民警察不得少于2人。公安机关在规范设置、严格管理的执法办案场所进行询问、扣押、辨认的，或者进行调解的，可以由1名人民警察进行。依照前款规定由1名人民警察进行询问、扣押、辨认、调解的，应当全程同步录音录像。未按规定全程同步录音录像或者录音录像资料损毁、丢失的，相关证据不能作为处罚的根据。

(四) 填空题

1. 依法；刑讯逼供；威胁。(《治安管理处罚法》第91条)
2. 刑事案件；可以。(《治安管理处罚法》第93条)
3. 应当；必要。(《治安管理处罚法》第98条)
4. 代为；远程。(《治安管理处罚法》第100条)
5. 县级。(《治安管理处罚法》第103条)
6. 不在场；拒绝。(《治安管理处罚法》第104条)
7. 证据；善意；解除。(《治安管理处罚法》第105条)
8. 2。(《治安管理处罚法》第108条)

第二节 决 定

(一) 判断题

1. 公安机关依据《治安管理处罚法》的规定，对王某故意损毁财物的行为给予罚款1000元的行政处罚。该处罚可以由公安派出所决定。（　）
2. 对决定给予行政拘留处罚的人，在处罚前已经采取强制措施限制人身自由的时间，应当折抵。限制人身自由1日，折抵行政拘留1日。（　）
3. 公安机关作出治安管理处罚决定前，应当告知违反治安管理行为人拟作出治安管理处罚的内容及事实、理由、依据，并告知违反

治安管理行为人依法享有的权利。（ ）
4. 《治安管理处罚法》第 117 条第 1 款、第 2 款规定以外的案情复杂或者具有重大社会影响的案件，违反治安管理行为人要求听证，公安机关应当及时依法举行听证。（ ）
5. 陈某因买卖、使用伪造企业通行证被公安机关给予行政拘留 10 日并处罚款 3000 元的行政处罚。根据《治安管理处罚法》的规定，陈某要求听证的，公安机关应当及时依法举行听证。（ ）
6. 陈某擅自经营需由公安机关许可的行业的行为事实清楚，证据确凿，公安机关根据《治安管理处罚法》的规定，当场作出罚款 1000 元的治安管理处罚决定。（ ）
7. 陈某因买卖、使用伪造企业通行证被公安机关给予行政拘留 10 日并处罚款 3000 元的行政处罚。陈某对该处罚不服，可以依法申请行政复议或者提起行政诉讼。（ ）

（二）单项选择题

1. 公安机关作出治安管理处罚决定之前，应当由从事治安管理处罚决定法制审核的人员进行法制审核的情形是：（ ）
   A. 涉及公共利益的
   B. 直接关系当事人重大权益的
   C. 直接关系第三人重大权益的
   D. 案件情况疑难复杂、涉及多个法律关系的
2. 公安机关应当向被处罚人宣告治安管理处罚决定书，并当场交付被处罚人；无法当场向被处罚人宣告的，应当在（ ）日以内送达被处罚人。
   A. 2   B. 3
   C. 5   D. 10

（三）多项选择题

1. 杨某因抢夺他人财物（价值 700 元）被公安机关依法传唤。根据

《治安管理处罚法》的规定，下列说法正确的是：（　　）

A. 本案没有杨某陈述，但其他证据能够证明案件事实的，不可以作出治安管理处罚决定

B. 本案没有杨某陈述，但其他证据能够证明案件事实的，可以作出治安管理处罚决定

C. 本案只有杨某陈述，没有其他证据证明的，不能作出治安管理处罚决定

D. 本案只有杨某陈述，没有其他证据证明的，可以作出治安管理处罚决定

2. 张某因涉嫌扰乱公共场所秩序被公安机关依法传唤，现该案已调查结束。对于公安机关作出的处理决定，下列说法正确的是：（　　）

A. 如经调查，张某的行为属于应当给予治安管理处罚的违法行为，且情节较重，公安机关应给予张某行政拘留7日的处罚

B. 如经调查，张某的违法事实不能成立的，公安机关应作出不予处罚决定

C. 如经调查，张某的行为已涉嫌犯罪，公安机关应移送有关主管机关依法追究刑事责任

D. 如经调查，张某未满14周岁，公安机关应作出不予处罚决定，但是应当责令其监护人严加管教

3. 根据《治安管理处罚法》的规定，下列说法正确的是：（　　）

A. 公安机关不得因违反治安管理行为人的陈述、申辩而加重其处罚

B. 违反治安管理行为人不满18周岁的，可以依照规定告知未成年人的父母或者其他监护人，充分听取其意见

C. 对情节复杂或者重大违法行为给予治安管理处罚，公安机关负责人应当集体讨论决定

D. 公安机关中从事治安管理处罚决定法制审核的人员，应当通过国家统一法律职业资格考试取得法律职业资格

4. 张某因非法携带管制刀具被公安机关依法传唤。公安机关调查后依法作出行政拘留并处罚款的决定，并制作治安管理处罚决定书。根据《治安管理处罚法》的规定，关于治安管理处罚决定书，下列说法正确的是：（　　）

   A. 治安管理处罚决定书应当载明张某的违法事实和证据、处罚的种类和依据等内容
   B. 治安管理处罚决定书应当由作出处罚决定的公安机关加盖印章
   C. 公安机关应当向张某宣告治安管理处罚决定书，并当场交付张某
   D. 公安机关应当及时通知张某的家属

5. 公安机关作出（　　）的治安管理处罚决定或者采取责令停业整顿措施前，应当告知违反治安管理行为人有权要求举行听证；违反治安管理行为人要求听证的，公安机关应当及时依法举行听证。

   A. 吊销许可证件　　　　　　B. 处 4000 元以上罚款
   C. 处 15 日拘留　　　　　　D. 处驱逐出境

6. 关于《治安管理处罚法》规定的听证程序，下列说法正确的是：（　　）

   A. 公安机关采取责令停业整顿措施前，应当告知违反治安管理行为人有权要求举行听证
   B. 对未成年人案件的听证不公开举行
   C. 公安机关不得因违反治安管理行为人要求听证而加重其处罚
   D. 为了查明案情进行听证的期间，不计入办理治安案件的期限

7. 李某因倒卖有价票证被公安机关依法传唤。对于本案的办理期限，下列说法正确的是：（　　）

   A. 如本案为一般案件，则办案期限自立案之日起不得超过 30 日
   B. 如本案案情重大、复杂，经上一级公安机关批准，可以延长 30 日，期限延长以 2 次为限
   C. 如本案由公安派出所办理，需要延长本案办理期限，由所属公

安机关批准

D. 为了查明案情，对有价票证进行鉴定的期间，不计入办案期限

8. 公安机关对王某不按规定登记住宿旅客信息的行为当场作出警告的治安管理处罚决定。根据《治安管理处罚法》的规定，下列说法正确的是：（　　）

A. 人民警察应当向王某出示人民警察证

B. 处罚决定书应当当场交付王某

C. 当场作出治安管理处罚决定的，经办的人民警察应当在24小时以内报所属公安机关备案

D. 处罚决定书由经办的人民警察签名或者盖章

（四）填空题

1. 治安管理处罚由____以上地方人民政府公安机关决定；其中警告、____元以下的罚款，可以由公安派出所决定。

2. 公安机关必须充分听取违反治安管理行为人的意见，对违反治安管理行为人提出的事实、理由和证据，应当进行____；违反治安管理行为人提出的事实、理由或者证据成立的，公安机关应当____。

3. 可能执行____的未成年人，公安机关应当告知未成年人和其监护人有权要求举行听证。

4. 适用当场处罚，被处罚人对拟作出治安管理处罚的内容及事实、理由、依据没有异议的，可以由____名人民警察作出治安管理处罚决定，并应当全程同步____。

（五）简答题

简述治安管理处罚决定书应当载明的内容。

参考答案

(一) 判断题

1. √,解析:根据《治安管理处罚法》第 109 条规定。
2. √,解析:根据《治安管理处罚法》第 110 条规定。
3. √,解析:根据《治安管理处罚法》第 112 条规定。
4. ×,解析:根据《治安管理处罚法》第 117 条第 3 款规定,前两款规定以外的案情复杂或者具有重大社会影响的案件,违反治安管理行为人要求听证,公安机关认为必要的,应当及时依法举行听证。
5. ×,解析:根据《治安管理处罚法》第 117 条规定,公安机关作出吊销许可证件、处 4000 元以上罚款的治安管理处罚决定或者采取责令停业整顿措施前,应当告知违反治安管理行为人有权要求举行听证;违反治安管理行为人要求听证的,公安机关应当及时依法举行听证。对依照本法第 23 条第 2 款规定可能执行行政拘留的未成年人,公安机关应当告知未成年人和其监护人有权要求举行听证;未成年人和其监护人要求听证的,公安机关应当及时依法举行听证。对未成年人案件的听证不公开举行。前两款规定以外的案情复杂或者具有重大社会影响的案件,违反治安管理行为人要求听证,公安机关认为必要的,应当及时依法举行听证。公安机关不得因违反治安管理行为人要求听证而加重其处罚。
6. ×,解析:根据《治安管理处罚法》第 119 条规定,违反治安管理行为事实清楚,证据确凿,处警告或者 500 元以下罚款的,可以当场作出治安管理处罚决定。
7. √,解析:根据《治安管理处罚法》第 121 条规定。

(二) 单项选择题

1. D,解析:根据《治安管理处罚法》第 114 条规定,有下列情形之一的，在公安机关作出治安管理处罚决定之前，应当由从事治安管理处罚决定法制审核的人员进行法制审核；未经法制审核或者审核未通过的，不得作出决定：（1）涉及重大公共利益的；（2）直接关系当事人或者第三人重大权益，经过听证程序的；（3）案件情况疑难复杂、涉及多个法律关系的。

2. A，解析：根据《治安管理处罚法》第116条规定，公安机关应当向被处罚人宣告治安管理处罚决定书，并当场交付被处罚人；无法当场向被处罚人宣告的，应当在2日以内送达被处罚人。决定给予行政拘留处罚的，应当及时通知被处罚人的家属。有被侵害人的，公安机关应当将决定书送达被侵害人。

（三）多项选择题

1. BC，解析：根据《治安管理处罚法》第111条规定，公安机关查处治安案件，对没有本人陈述，但其他证据能够证明案件事实的，可以作出治安管理处罚决定。但是，只有本人陈述，没有其他证据证明的，不能作出治安管理处罚决定。

2. ABCD，解析：根据《治安管理处罚法》第12条规定，已满14周岁不满18周岁的人违反治安管理的，从轻或者减轻处罚；不满14周岁的人违反治安管理的，不予处罚，但是应当责令其监护人严加管教。第113条第1款规定，治安案件调查结束后，公安机关应当根据不同情况，分别作出以下处理：（1）确有依法应当给予治安管理处罚的违法行为的，根据情节轻重及具体情况，作出处罚决定；（2）依法不予处罚的，或者违法事实不能成立的，作出不予处罚决定；（3）违法行为已涉嫌犯罪的，移送有关主管机关依法追究刑事责任；（4）发现违反治安管理行为人有其他违法行为的，在对违反治安管理行为作出处罚决定的同时，通知或者移送有关主管机关处理。

3. AC，解析：根据《治安管理处罚法》第112条第3款、第4款规定，违反治安管理行为人不满18周岁的，还应当依照前两款的规定告知未成年人的父母或者其他监护人，充分听取其意见。公安机关不得因违反治安管理行为人的陈述、申辩而加重其处罚。A正确，B错误。第113条第2款规定，对情节复杂或者重大违法行为给予治安管理处罚，公安机关负责人应当集体讨论决定。C正确。第114条第2款规定，公安机关中初次从事治安管理处罚决定法制审核的人员，应当通过国家统一法律职业资格考试取得法律职业资格。D错误。

4. ABCD，解析：根据《治安管理处罚法》第115条规定，公安机关作出治安管理处罚决定的，应当制作治安管理处罚决定书。决定书应当载明下列内容：（1）被处罚人的姓名、性别、年龄、身份证件的名称和号码、住址；（2）违法事实和证据；（3）处罚的种类和依据；（4）处罚的执行方式和期限；（5）对处罚决定不服，申请行政复议、提起行政诉讼的途径和期限；（6）作出处罚决定的公安机关的名称和作出决定的日期。决定书应当由作出处罚决定的公安机关加盖印章。第116条规定，公安机关应当向被处罚人宣告治安管理处罚决定书，并当场交付被处罚人；无法当场向被处罚人宣告的，应当在2日以内送达被处罚人。决定给予行政拘留处罚的，应当及时通知被处罚人的家属。有被侵害人的，公安机关应当将决定书送达被侵害人。

5. AB，解析：根据《治安管理处罚法》第117条第1款规定，公安机关作出吊销许可证件、处4000元以上罚款的治安管理处罚决定或者采取责令停业整顿措施前，应当告知违反治安管理行为人有权要求举行听证；违反治安管理行为人要求听证的，公安机关应当及时依法举行听证。

6. ABCD，解析：根据《治安管理处罚法》第117条规定，公安机关作出吊销许可证件、处4000元以上罚款的治安管理处罚决定或者采取责令停业整顿措施前，应当告知违反治安管理行为人有权要求举行听证；违反治安管理行为人要求听证的，公安机关应当及时依法举行听证。对依照本法第23条第2款规定可能执行行政拘留的未成年人，公安机关应当告知未成年人和其监护人有权要求举行听证；未成年人和其监护人要求听证的，公安机关应当及时依法举行听证。对未成年人案件的听证不公开举行。前两款规定以外的案情复杂或者具有重大社会影响的案件，违反治安管理行为人要求听证，公安机关认为必要的，应当及时依法举行听证。公安机关不得因违反治安管理行为人要求听证而加重其处罚。第118条第2款规定，为了查明案情进行鉴定的期间、听证的期间，不计入办理治安案件的期限。

7. ABCD，解析：根据《治安管理处罚法》第118条规定，公安机关办理治安案件的期限，自立案之日起不得超过30日；案情重大、复杂的，经上一级公安机关批准，可以延长30日。期限延长以2次为限。公安派出所办理的案件需要延长期限的，由所属公安机关批准。为了查明案情进行鉴定的期间、听证的期间，不计入办理治安案件的期限。

8. ABCD，解析：根据《治安管理处罚法》第120条规定，当场作出治安管理处罚决定的，人民警察应当向违反治安管理行为人出示人民警察证，并填写处罚决定书。处罚决定书应当当场交付被处罚人；有被侵害人的，并应当将决定书送达被侵害人。前款规定的处罚决定书，应当载明被处罚人的姓名、违法行为、处罚依据、罚款数额、时间、地点以及公安机关名称，并由经办的人民警察签名或者盖章。适用当场处罚，被处罚人对拟作出治安管理处罚的内容及事实、理由、依据没有异议的，可以由1名人民警察作出治安管理处罚决定，并应当全程同步录音录像。当场作出治安管理处罚决定的，经办的人民警察应当在24小时以内报所属公安机关备案。

（四）填空题

1. 县级；1000。（《治安管理处罚法》第109条）

2. 复核；采纳。(《治安管理处罚法》第 112 条)
3. 行政拘留。(《治安管理处罚法》第 117 条)
4. 1；录音录像。(《治安管理处罚法》第 120 条)

(五) 简答题

答：根据《治安管理处罚法》第 115 条规定，公安机关作出治安管理处罚决定的，应当制作治安管理处罚决定书。决定书应当载明下列内容：(1) 被处罚人的姓名、性别、年龄、身份证件的名称和号码、住址；(2) 违法事实和证据；(3) 处罚的种类和依据；(4) 处罚的执行方式和期限；(5) 对处罚决定不服，申请行政复议、提起行政诉讼的途径和期限；(6) 作出处罚决定的公安机关的名称和作出决定的日期。决定书应当由作出处罚决定的公安机关加盖印章。

第三节 执 行

(一) 判断题

1. 对被决定给予行政拘留处罚的人，由作出决定的公安机关送拘留所执行；执行期满，拘留所应当按时解除拘留，发给解除拘留证明书。(　　)
2. 受到罚款处罚的人应当自收到处罚决定书之日起 30 日以内，到指定的银行或者通过电子支付系统缴纳罚款。(　　)
3. 被处罚人不服行政拘留处罚决定，申请行政复议、提起行政诉讼的，遇有参加升学考试、子女出生或者近亲属病危、死亡等情形的，可以向公安机关提出暂缓执行行政拘留的申请。(　　)

(二) 单项选择题

人民警察当场收缴的罚款，应当自收缴罚款之日起 (　　) 日以内，交至所属的公安机关；在水上、旅客列车上当场收缴的罚款，应当自抵岸或者到站之日起（　　）日以内，交至所属的公安机关；公安机关应当自收到罚款之日起（　　）日以内将罚款缴付指定的银行。

  A. 2；2；2   B. 2；3；3

  C. 3；3；3   D. 2；5；5

（三）多项选择题

1. 正在被执行行政拘留处罚的人遇有（　　）等情形，被拘留人或者其近亲属申请出所的，由公安机关依照《治安管理处罚法》第126条第1款规定执行。

  A. 参加升学考试   B. 子女出生

  C. 近亲属病危   D. 近亲属死亡

2. 下列关于治安案件中担保的说法正确的是：（　　）

  A. 担保人应当保证被担保人不逃避行政拘留处罚的执行

  B. 担保人不履行担保义务，致使被担保人逃避行政拘留处罚的执行的，处2000元以下罚款

  C. 行政拘留的处罚决定被撤销的，公安机关收取的保证金应当及时退还交纳人

  D. 行政拘留处罚开始执行的，公安机关收取的保证金应当及时退还交纳人

（四）填空题

1. 被决定给予行政拘留处罚的人在异地被抓获或者有其他有必要在异地拘留所执行情形的，经异地拘留所主管公安机关____，可以在异地执行。

2. 人民警察当场收缴罚款的，应当向被处罚人出具____以上人民政府财政部门统一制发的专用票据；不出具统一制发的专用票据的，

被处罚人有权____缴纳罚款。
3. 公安机关认为暂缓执行行政拘留不致发生____的，由被处罚人或者其近亲属提出符合规定条件的担保人，或者按每日行政拘留____元的标准交纳保证金，行政拘留的处罚决定暂缓执行。
4. 被决定给予行政拘留处罚的人交纳保证金，暂缓行政拘留或者出所后，逃避行政拘留处罚的执行的，保证金予以____并上缴____，已经作出的行政拘留决定仍应执行。

（五）简答题

1. 简述人民警察可以当场收缴罚款的情形。
2. 简述治安案件中担保人应当符合的条件。

参考答案

（一）判断题

1. √，解析：根据《治安管理处罚法》第122条规定。
2. ×，解析：根据《治安管理处罚法》第123条规定，受到罚款处罚的人应当自收到处罚决定书之日起15日以内，到指定的银行或者通过电子支付系统缴纳罚款。
3. √，解析：根据《治安管理处罚法》第126条规定。

（二）单项选择题

A，解析：根据《治安管理处罚法》第124条规定，人民警察当场收缴的罚款，应当自收缴罚款之日起2日以内，交至所属的公安机关；在水上、旅客列车上当场收缴的罚款，应当自抵岸或者到站之日起2日以内，交至所属的公安机关；公安机关应当自收到罚款之日起2日以内将罚款缴付指定的银行。

（三）多项选择题

1. ABCD，解析：根据《治安管理处罚法》第126条第2款规定，正在被执行行政拘留处罚的人遇有参加升学考试、子女出生或者近亲属病危、死亡等情形，被拘留人或者其近亲属申请出所的，由公安机关依照前款规定执行。被拘留人出所的时间不计入拘留期限。

2. ACD，解析：根据《治安管理处罚法》第 128 条规定，担保人应当保证被担保人不逃避行政拘留处罚的执行。担保人不履行担保义务，致使被担保人逃避行政拘留处罚的执行的，处 3000 元以下罚款。A 正确，B 错误。第 130 条规定，行政拘留的处罚决定被撤销，行政拘留处罚开始执行，或者出所后继续执行的，公安机关收取的保证金应当及时退还交纳人。C、D 正确。

(四) 填空题

1. 批准。(《治安管理处罚法》第 122 条)
2. 省级；拒绝。(《治安管理处罚法》第 125 条)
3. 社会危险；200。(《治安管理处罚法》第 126 条)
4. 没收；国库。(《治安管理处罚法》第 129 条)

(五) 简答题

1. 答：根据《治安管理处罚法》第 123 条规定，受到罚款处罚的人应当自收到处罚决定书之日起 15 日以内，到指定的银行或者通过电子支付系统缴纳罚款。但是，有下列情形之一的，人民警察可以当场收缴罚款：(1) 被处 200 元以下罚款，被处罚人对罚款无异议的；(2) 在边远、水上、交通不便地区，旅客列车上或者口岸，公安机关及其人民警察依照本法的规定作出罚款决定后，被处罚人到指定的银行或者通过电子支付系统缴纳罚款确有困难，经被处罚人提出的；(3) 被处罚人在当地没有固定住所，不当场收缴事后难以执行的。

2. 答：根据《治安管理处罚法》第 127 条规定，担保人应当符合下列条件：(1) 与本案无牵连；(2) 享有政治权利，人身自由未受到限制；(3) 在当地有常住户口和固定住所；(4) 有能力履行担保义务。

第五章 执法监督

(一) 判断题

1. 公安机关及其人民警察应当依法、公正、严格、高效办理治安案件，文明执法，不得徇私舞弊、玩忽职守、滥用职权。（   ）
2. 违反治安管理的记录应当予以封存，不得向任何单位和个人提供或者公开。（   ）
3. 公安机关及其人民警察不得将在办理治安案件过程中获得的个人信息，依法提取、采集的相关信息、样本用于与治安管理、查处犯罪无关的用途，不得出售、提供给其他单位或者个人。（   ）
4. 人民警察办理治安案件，当场收缴罚款不出具专用票据或者不如实填写罚款数额的，依法给予处分；构成犯罪的，依法追究刑事责任。（   ）

(二) 单项选择题

1. 公安机关应当履行同步录音录像运行安全管理职责，完善技术措施，定期维护设施设备，保障录音录像设备运行（   ）。
   A. 连续、稳定、安全　　　　B. 持续、稳定、安全
   C. 连续、平稳、安全　　　　D. 持续、平稳、安全
2. 人民警察办理治安案件，（   ）办理治安案件的同步录音录像资料的，依法给予处分；构成犯罪的，依法追究刑事责任。

A. 剪接、删除、损毁、丢失
B. 剪辑、删改、损毁、丢失
C. 剪接、删改、损毁、丢弃
D. 剪接、删改、损毁、丢失

（三）多项选择题

1. 根据《治安管理处罚法》的规定，下列说法正确的是：（　　）
   A. 公安机关及其人民警察办理治安案件，应当自觉接受社会和公民的监督
   B. 公安机关依法实施罚款处罚，应当依照有关法律、行政法规的规定，实行罚款决定与罚款收缴分离
   C. 收缴的罚款应当全部上缴国库，不得返还、变相返还，不得与经费保障挂钩
   D. 人民警察办理治安案件，有违法违纪行为的，任何单位和个人都有权向公安机关或者人民检察院、监察机关检举、控告

2. 人民警察办理治安案件，（　　）的，依法给予处分；构成犯罪的，依法追究刑事责任。
   A. 刑讯逼供、体罚、打骂、虐待、侮辱他人
   B. 超过询问查证的时间限制人身自由
   C. 不执行罚款决定与罚款收缴分离制度或者不按规定将罚没的财物上缴国库或者依法处理
   D. 私分、侵占、挪用、故意损毁所收缴、追缴、扣押的财物

（四）填空题

1. 公安机关及其人民警察办理治安案件，禁止对违反治安管理行为人打骂、____或者侮辱。
2. 公安机关作出治安管理处罚决定，发现被处罚人是公职人员，依照《公职人员政务处分法》的规定需要给予____的，应当依照有关规定及时通报____等有关单位。
3. 公安机关依法实施罚款处罚，应当依照有关法律、行政法规的规定，实行罚款决定与罚款收缴____；收缴的罚款应当全部上缴____，不得返还、变相返还，不得与经费保障挂钩。
4. 人民警察办理治安案件，将在办理治安案件过程中获得的个人信息，依法提取、____的相关信息、样本用于与治安管理、查处犯罪____的用途，或者____、提供给其他单位或者个人的，依法给予处分；构成犯罪的，依法追究刑事责任。
5. 公安机关及其人民警察违法行使职权，侵犯公民、法人和其他组织____权益的，应当____；造成损害的，应当依法承担赔偿责任。

参考答案

（一）判断题

1. √，解析：根据《治安管理处罚法》第 131 条规定。
2. ×，解析：根据《治安管理处罚法》第 136 条规定，违反治安管理的记录应当予以封存，不得向任何单位和个人提供或者公开，但有关国家机关为办案需要或者有关单位根据国家规定进行查询的除外。依法进行查询的单位，应当对被封存的违法记录的情况予以保密。

3. √，解析：根据《治安管理处罚法》第 138 条规定。
4. √，解析：根据《治安管理处罚法》第 139 条规定。

（二）单项选择题

1. A，解析：根据《治安管理处罚法》第 137 条规定，公安机关应当履行同步录音录像运行安全管理职责，完善技术措施，定期维护设施设备，保障录音录像设备运行连续、稳定、安全。

2. D，解析：根据《治安管理处罚法》第 139 条规定，人民警察办理治安案件，有下列行为之一的，依法给予处分；构成犯罪的，依法追究刑事责任：（13）剪接、删改、损毁、丢失办理治安案件的同步录音录像资料的。

（三）多项选择题

1. ABCD，解析：根据《治安管理处罚法》第 133 条规定，公安机关及其人民警察办理治安案件，应当自觉接受社会和公民的监督。公安机关及其人民警察办理治安案件，不严格执法或者有违法违纪行为的，任何单位和个人都有权向公安机关或者人民检察院、监察机关检举、控告；收到检举、控告的机关，应当依据职责及时处理。第 135 条规定，公安机关依法实施罚款处罚，应当依照有关法律、行政法规的规定，实行罚款决定与罚款收缴分离；收缴的罚款应当全部上缴国库，不得返还、变相返还，不得与经费保障挂钩。

2. ABCD，解析：根据《治安管理处罚法》第 139 条规定，人民警察办理治安案件，有下列行为之一的，依法给予处分；构成犯罪的，依法追究刑事责任：（1）刑讯逼供、体罚、打骂、虐待、侮辱他人的；（2）超过询问查证的时间限制人身自由的；（3）不执行罚款决定与罚款收缴分离制度或者不按规定将罚没的财物上缴国库或者依法处理的；（4）私分、侵占、挪用、故意损毁所收缴、追缴、扣押的财物的。

(四)填空题

1. 虐待。(《治安管理处罚法》第132条)
2. 政务处分;监察机关。(《治安管理处罚法》第134条)
3. 分离;国库 (《治安管理处罚法》第135条)
4. 采集;无关;出售。(《治安管理处罚法》第139条)
5. 合法;赔礼道歉。(《治安管理处罚法》第140条)

综合考查编

（一）治安管理处罚、行政复议、行政诉讼综合考查题

某晚 10 时许，刘某路过一家烧烤店时，看到店门口靠近路边的一张饭桌上放着一部手机（价值 1000 元），见周围无人，便将手机拿走。烧烤店店主找不到手机，通过查看店内监控，发现手机被人拿走，遂报警。请回答下列问题。

1. （单选）如果刘某在妻子的劝说下，主动到派出所投案，如实供述了自己盗窃手机的违法事实。关于本案，下列说法正确的是：（   ）

    A. 可以给予刘某从轻、减轻或者不予处罚

    B. 可以对刘某依法从宽处理

    C. 手机价值较大，应给予刘某从重处罚

    D. 手机价值较大，不应给予刘某从轻、减轻或者不予处罚

2. （多选）如果公安机关依法传唤刘某。关于本案，下列说法正确的是：（   ）

    A. 应当使用传唤证传唤

    B. 公安机关应当将传唤的原因和依据告知刘某

    C. 如果刘某逃避传唤，经公安机关办案部门负责人批准，可以强制传唤

    D. 可以口头传唤

3. （单选）县公安局调查后给予刘某行政拘留 10 日并处罚款

1000 元的行政处罚。刘某不服该处罚，欲申请行政复议。关于本案，下列说法正确的是：（　　）

A. 刘某应向县人民政府申请行政复议

B. 刘某应向市公安局申请行政复议

C. 刘某应向市人民政府申请行政复议

D. 刘某应向县司法局申请行政复议

4. （多选）关于本案复议的受理，下列说法正确的是：（　　）

A. 行政复议机关收到行政复议申请后，应当在 5 日内进行审查

B. 行政复议申请的审查期限届满，行政复议机关未作出不予受理决定的，审查期限届满之日起视为受理

C. 本案的行政复议申请材料不齐全，无法判断行政复议申请是否符合法律规定的，行政复议机关应当自收到申请之日起 5 日内书面通知刘某补正

D. 通知刘某补正复议材料的，补正通知应当一次性载明需要补正的事项

5. （多选）行政复议机构受理了本案。关于本案复议的审理，下列说法正确的是：（　　）

A. 行政复议机构应当指定行政复议人员负责办理行政复议案件

B. 如刘某在复议期间死亡，其近亲属尚未确定是否参加行政复议的，行政复议中止

C. 如刘某在复议期间死亡，其近亲属放弃行政复议权利的，行政复议机关决定终止行政复议

D. 行政复议人员对办理本案过程中知悉的刘某的个人隐

私，应当予以保密

6. （多选）行政复议机关对本案进行审查，依法作出行政复议决定。关于行政复议决定，下列说法正确的是：（　　）

   A. 如本案属于适用普通程序审理的行政复议案件，行政复议机关应当自受理申请之日起 30 日内作出行政复议决定

   B. 行政复议机关认为本案事实清楚，证据确凿，适用依据正确，程序合法，内容适当的，应作出维持行政处罚的决定

   C. 行政复议机关作出行政复议决定，应当制作行政复议决定书，并有行政复议机关负责人签字、盖章

   D. 行政复议决定书一经送达，即发生法律效力

7. （多选）复议机关作出维持行政处罚的决定后，刘某向人民法院提起行政诉讼。关于行政诉讼，下列说法正确的是：（　　）

   A. 本案可以由县公安局所在地人民法院管辖

   B. 本案的被告是县公安局和复议机关

   C. 刘某可以委托 1 至 2 名律师作为诉讼代理人

   D. 代理诉讼的律师，有权按照规定查阅、复制本案有关材料

（二）治安管理处罚、行政复议综合考查题

县公安局依据《治安管理处罚法》的规定，对违法行为人张某以扰乱公共场所秩序处以行政拘留。请回答下列问题。

1. （单选）张某欲向县人民政府申请行政复议。关于行政复议的提出，下列说法正确的是：（　　）

A. 张某可以自知道该行政行为之日起 30 日内提出申请

B. 张某可以书面申请行政复议

C. 张某应当面提交行政复议申请书

D. 张某应当先向行政复议机关申请行政复议，对行政复议决定不服的，可以再依法向人民法院提起行政诉讼

2. （单选）关于本案的复议，下列说法正确的是：（　　）

A. 张某可同时向人民法院提起诉讼

B. 张某可以委托 3 名律师代为参加行政复议

C. 符合法律援助条件的张某申请法律援助的，法律援助机构可以为其提供法律援助

D. 县公安局是被申请人

3. （多选）复议机关在法定期限内不作出复议决定，下列说法正确的是：（　　）

A. 对负有责任的领导人员和直接责任人员依法给予警告、记过、记大过的处分

B. 有权监督的机关应督促其改正

C. 督促后仍不改正的，对负有责任的领导人员和直接责任人员依法给予降级、撤职、开除的处分

D. 张某可向法院起诉要求复议机关履行复议职责

（三）治安管理处罚、行政诉讼综合考查题

甲县的何某为图省事，直接将豆腐脑从 7 楼抛出窗外，险些砸到行人。甲县公安局根据《治安管理处罚法》的规定，给予何某行政拘留 10 日并处罚款 1000 元的行政处罚。何某不服该处罚，向人民法院提起诉讼。请回答下列问题。

1. （多选）关于本案的管辖，下列说法正确的是：（　　）

   A. 本案应由高级人民法院管辖

   B. 本案应由中级人民法院管辖

   C. 甲县人民法院认为本案需要由上级人民法院指定管辖的，可以报请上级人民法院决定

   D. 本案由甲县人民法院管辖

2. （多选）关于本案的证据，下列说法正确的是：（　　）

   A. 被告对作出的行政行为负有举证责任，应当提供作出该行政行为的证据和所依据的规范性文件

   B. 在诉讼过程中，被告及其诉讼代理人不得自行向原告、第三人和证人收集证据

   C. 被告在作出行政行为时已经收集了证据，但因不可抗力等正当事由不能提供的，经人民法院准许，可以延期提供

   D. 原告可以提供证明行政行为违法的证据

3. （单选）关于本案的起诉和受理，下列说法正确的是：（　　）

   A. 何某应当自作出行政行为之日起3个月内提出行政诉讼

   B. 因不可抗力耽误起诉期限的，被耽误的时间仍然计算在起诉期限内

   C. 何某应当向人民法院递交起诉状，并按照被告人数提出副本

   D. 人民法院在接到起诉状时对符合起诉条件的，应当在7日内决定是否立案

4. （单选）关于本案的审理，下列说法正确的是：（　　）

   A. 人民法院应公开审理本案

   B. 何某认为审判人员李某与本案有其他关系，有权申请李

某回避

　　C. 经人民法院传票传唤，原告无正当理由拒不到庭的，可以缺席判决

　　D. 本案可以适用调解

5. （多选）人民法院适用普通程序审理本案。下列说法正确的是：（　　）

　　A. 人民法院应当在立案之日起 5 日内，将起诉状副本发送被告

　　B. 被告应当在收到起诉状副本之日起 15 日内向人民法院提交作出行政行为的证据和所依据的规范性文件，并提出答辩状

　　C. 人民法院应当在收到答辩状之日起 5 日内，将答辩状副本发送原告

　　D. 被告不提出答辩状的，不影响人民法院审理

6. （多选）人民法院审理后，判决驳回何某的诉讼请求，何某不服该判决，欲提起上诉。关于行政诉讼案件的上诉，下列说法正确的是：（　　）

　　A. 何某有权在判决书送达之日起 15 日内向上一级人民法院提起上诉

　　B. 何某逾期不提起上诉的，人民法院的第一审判决发生法律效力

　　C. 何某向上一级人民法院提起上诉并提交了新证据，二审法院应当组成合议庭，开庭审理

　　D. 人民法院审理上诉案件，应当对原审人民法院的判决和被诉行政行为进行全面审查

参考答案

（一）治安管理处罚、行政复议、行政诉讼综合考查题

1. A，解析：根据《治安管理处罚法》第20条规定，违反治安管理有下列情形之一的，从轻、减轻或者不予处罚：（1）情节轻微的；（2）主动消除或者减轻违法后果的；（3）取得被侵害人谅解的；（4）出于他人胁迫或者诱骗的；（5）主动投案，向公安机关如实陈述自己的违法行为的；（6）有立功表现的。

2. ABC，解析：根据《治安管理处罚法》第96条规定，需要传唤违反治安管理行为人接受调查的，经公安机关办案部门负责人批准，使用传唤证传唤。对现场发现的违反治安管理行为人，人民警察经出示人民警察证，可以口头传唤，但应当在询问笔录中注明。公安机关应当将传唤的原因和依据告知被传唤人。对无正当理由不接受传唤或者逃避传唤的人，经公安机关办案部门负责人批准，可以强制传唤。

3. A，解析：根据《行政复议法》第24条第1款规定，县级以上地方各级人民政府管辖下列行政复议案件：（1）对本级人民政府工作部门作出的行政行为不服的；（2）对下一级人民政府作出的行政行为不服的；（3）对本级人民政府依法设立的派出机关作出的行政行为不服的；（4）对本级人民政府或者其工作部门管理的法律、法规、规章授权的组织作出的行政行为不服的。

4. ABCD，解析：根据《行政复议法》第30条规定，行政复议机关收到行政复议申请后，应当在5日内进行审查．行政复议申请的审查期限届满，行政复议机关未作出不予受理决定的，审查期限届满之日起视为受理。第31条第1款规定，行政复议申请材料不齐全或者表述不清楚，无法判断行政复议申请是否符合本法第30条第1款规定的，行政复议机关应当自收到申请之日起5日内书

面通知申请人补正。补正通知应当一次性载明需要补正的事项。

5. ABCD，解析：根据《行政复议法》第36条规定，行政复议机关受理行政复议申请后，依照本法适用普通程序或者简易程序进行审理。行政复议机构应当指定行政复议人员负责办理行政复议案件。行政复议人员对办理行政复议案件过程中知悉的国家秘密、商业秘密和个人隐私，应当予以保密。第39条规定，行政复议期间有下列情形之一的，行政复议中止：（1）作为申请人的公民死亡，其近亲属尚未确定是否参加行政复议。第41条规定，行政复议期间有下列情形之一的，行政复议机关决定终止行政复议：（2）作为申请人的公民死亡，没有近亲属或者其近亲属放弃行政复议权利。

6. BD，解析：根据《行政复议法》第62条规定，适用普通程序审理的行政复议案件，行政复议机关应当自受理申请之日起60日内作出行政复议决定；但是法律规定的行政复议期限少于60日的除外。情况复杂，不能在规定期限内作出行政复议决定的，经行政复议机构的负责人批准，可以适当延长，并书面告知当事人；但是延长期限最多不得超过30日。第68条规定，行政行为认定事实清楚，证据确凿，适用依据正确，程序合法，内容适当的，行政复议机关决定维持该行政行为。第75条规定，行政复议机关作出行政复议决定，应当制作行政复议决定书，并加盖行政复议机关印章。行政复议决定书一经送达，即发生法律效力。

7. ABCD，解析：根据《行政诉讼法》第18条规定，行政案件由最初作出行政行为的行政机关所在地人民法院管辖。经复议的案件，也可以由复议机关所在地人民法院管辖。A正确。第26条规定，经复议的案件，复议机关决定维持原行政行为的，作出原行政行为的行政机关和复议机关是共同被告；复议机关改变原行政行为的，复议机关是被告。B正确。第31条规定，当事人、法定代理人，可以委托1至2人作为诉讼代理人。下列人员可以被委托为诉讼代理人：(1) 律师、基层法律服务工作者；(2) 当事人的近亲属或者工作人员；(3) 当事人所在社区、单位以及有关社会团体推荐的公民。C 正确。第 32 条规定，代理诉讼的律师，有权按照规定查阅、复制本案有关材料，有权向有关组织和公民调查、收集与本案有关的证据。对涉及国家秘密、商业秘密和个人隐私的材料，应当依照法律规定保密。D 正确。

(二) 治安管理处罚、行政复议综合考查题

1. B，解析：根据《行政复议法》第 20 条第 1 款规定，公民、法人或者其他组织认为行政行为侵犯其合法权益的，可以自知道或者应当知道该行政行为之日起 60 日内提出行政复议申请；但是法律规定的申请期限超过 60 日的除外。A 错误。第 22 条规定，申请人申请行政复议，可以书面申请；书面申请有困难的，也可以口头申请。书面申请的，可以通过邮寄或者行政复议机关指定的互联网渠道等方式提交行政复议申请书，也可以当面提交行政复议申请书。行政机关通过互联网渠道送达行政行为决定书的，应当同时提供提交行政复议申请书的互联网渠道。口头申请的，行政复议机关应当当场记录申请人的基本情况、行政复议请求、申请行政复议的主要事实、理由和时间。申请人对两个以上行政行为不服的，应当分别申请行政复议。B 正确，C 错误。第 23 条规定，有下列情形之一的，申请人应当先向行政复议机关申请行政复议，对行政复议决定不服的，可以再依法向人民法院提起行政诉讼：(1) 对当场作出的行政处罚决定不服；(2) 对行政机关作出的侵犯其已经依法取得的自然资源的所有权或者使用权的决定不服；(3) 认为行政机关存在《行政复议法》第 11 条规定的未履行法定职责情形；(4) 申请政府信息公开，行政机关不予公开；(5) 法律、行政法规规定应当先向行政复议机关申请行政复议的其他情形。对张某处以行政拘留，不符合上述规定。D 错误。

2. D，解析：根据《行政复议法》第 17 条规定，申请人、第三人可

以委托 1 至 2 名律师、基层法律服务工作者或者其他代理人代为参加行政复议。B 错误。第 18 条规定，符合法律援助条件的行政复议申请人申请法律援助的，法律援助机构应当依法为其提供法律援助。C 错误。第 19 条规定，公民、法人或者其他组织对行政行为不服申请行政复议的，作出行政行为的行政机关或者法律、法规、规章授权的组织是被申请人。行政拘留由县公安局作出，故县公安局是被申请人。D 正确。第 29 条规定，公民、法人或者其他组织申请行政复议，行政复议机关已经依法受理的，在行政复议期间不得向人民法院提起行政诉讼。公民、法人或者其他组织向人民法院提起行政诉讼，人民法院已经依法受理的，不得申请行政复议。A 错误。

3. ABCD，解析：根据《行政复议法》第 80 条规定，行政复议机关不依照本法规定履行行政复议职责，对负有责任的领导人员和直接责任人员依法给予警告、记过、记大过的处分；经有权监督的机关督促仍不改正或者造成严重后果的，依法给予降级、撤职、开除的处分。ABC 正确。《行政诉讼法》第 26 条第 3 款规定，复议机关在法定期限内未作出复议决定，公民、法人或者其他组织起诉原行政行为的，作出原行政行为的行政机关是被告；起诉复议机关不作为的，复议机关是被告。D 正确。

（三）治安管理处罚、行政诉讼综合考查题

1. CD，解析：根据《行政诉讼法》第 14 条规定，基层人民法院管辖第一审行政案件。第 15 条规定，中级人民法院管辖下列第一审行政案件：（1）对国务院部门或者县级以上地方人民政府所作的行政行为提起诉讼的案件；（2）海关处理的案件；（3）本辖区内重大、复杂的案件；（4）其他法律规定由中级人民法院管辖的案件。第 16 条规定，高级人民法院管辖本辖区内重大、复杂的第一审行政案件。第 17 条规定，最高人民法院管辖全国范围内重大、复杂的第一审行政案件。A、B 错误。第 18 条规定，行政案

件由最初作出行政行为的行政机关所在地人民法院管辖。经复议的案件，也可以由复议机关所在地人民法院管辖。D 正确。第 24 条规定，下级人民法院对其管辖的第一审行政案件，认为需要由上级人民法院审理或者指定管辖的，可以报请上级人民法院决定。C 正确。

2. ABCD，解析：根据《行政诉讼法》第 34 条规定，被告对作出的行政行为负有举证责任，应当提供作出该行政行为的证据和所依据的规范性文件。A 正确。第 35 条规定，在诉讼过程中，被告及其诉讼代理人不得自行向原告、第三人和证人收集证据。B 正确。第 36 条规定，被告在作出行政行为时已经收集了证据，但因不可抗力等正当事由不能提供的，经人民法院准许，可以延期提供。C 正确。第 37 条规定，原告可以提供证明行政行为违法的证据。原告提供的证据不成立的，不免除被告的举证责任。D 正确。

3. C，解析：根据《行政诉讼法》第 46 条规定，公民、法人或者其他组织直接向人民法院提起诉讼的，应当自知道或者应当知道作出行政行为之日起 6 个月内提出。法律另有规定的除外。A 错误。第 48 条规定，公民、法人或者其他组织因不可抗力或者其他不属于其自身的原因耽误起诉期限的，被耽误的时间不计算在起诉期限内。B 错误。第 50 条规定，起诉应当向人民法院递交起诉状，并按照被告人数提出副本。C 正确。第 51 条规定，人民法院在接到起诉状时对符合本法规定的起诉条件的，应当登记立案。D 错误。

4. A，解析：根据《行政诉讼法》第 54 条规定，人民法院公开审理行政案件，但涉及国家秘密、个人隐私和法律另有规定的除外。涉及商业秘密的案件，当事人申请不公开审理的，可以不公开审理。A 正确。第 55 条规定，当事人认为审判人员与本案有利害关系或者有其他关系可能影响公正审判，有权申请审判人员回避。B 错误。第 58 条规定，经人民法院传票传唤，原告无正当理由拒不到庭，或者未经法庭许可中途退庭的，可以按照撤诉处理；被告无正当理由拒不到庭，或者未经法庭许可中途退庭的，可以缺席判决。C 错误。第 60 条规定，人民法院审理行政案件，不适用调解。但是，行政赔偿、补偿以及行政机关行使法律、法规规定的自由裁量权的案件可以调解。D 错误。

5. ABCD，解析：根据《行政诉讼法》第 67 条规定，人民法院应当在立案之日起 5 日内，将起诉状副本发送被告。被告应当在收到起诉状副本之日起 15 日内向人民法院提交作出行政行为的证据和所依据的规范性文件，并提出答辩状。人民法院应当在收到答辩状之日起 5 日内，将答辩状副本发送原告。被告不提出答辩状的，不影响人民法院审理。

6. ABCD，解析：根据《行政诉讼法》第 85 条规定，当事人不服人民法院第一审判决的，有权在判决书送达之日起 15 日内向上一级人民法院提起上诉。当事人不服人民法院第一审裁定的，有权在裁定书送达之日起 10 日内向上一级人民法院提起上诉。逾期不提起上诉的，人民法院的第一审判决或者裁定发生法律效力。AB 正确。第 86 条规定，人民法院对上诉案件，应当组成合议庭，开庭审理。经过阅卷、调查和询问当事人，对没有提出新的事实、证据或者理由，合议庭认为不需要开庭审理的，也可以不开庭审理。C 正确。第 88 条规定，人民法院审理上诉案件，应当对原审人民法院的判决、裁定和被诉行政行为进行全面审查。D 正确。

附　录

《中华人民共和国治安管理处罚法》新旧对照表

（左栏阴影部分为删除的内容，右栏黑体字为增加或修改的内容）

修订前	修订后
目　录 第一章　总　则 第二章　处罚的种类和适用 第三章　违反治安管理的行为和处罚 　第一节　扰乱公共秩序的行为和处罚 　第二节　妨害公共安全的行为和处罚 　第三节　侵犯人身权利、财产权利的行为和处罚 　第四节　妨害社会管理的行为和处罚 第四章　处罚程序 　第一节　调　查 　第二节　决　定 　第三节　执　行 第五章　执法监督 第六章　附　则	目　录 第一章　总　则 第二章　处罚的种类和适用 第三章　违反治安管理的行为和处罚 　第一节　扰乱公共秩序的行为和处罚 　第二节　妨害公共安全的行为和处罚 　第三节　侵犯人身权利、财产权利的行为和处罚 　第四节　妨害社会管理的行为和处罚 第四章　处罚程序 　第一节　调　查 　第二节　决　定 　第三节　执　行 第五章　执法监督 第六章　附　则
第一章　总　则	第一章　总　则
第一条　为维护社会治安秩序，保障公共安全，保护公民、法人和其	第一条　为**了**维护社会治安秩序，保障公共安全，保护公民、法人

修订前	修订后
他组织的合法权益，规范和保障公安机关及其人民警察依法履行治安管理职责，制定本法。	和其他组织的合法权益，规范和保障公安机关及其人民警察依法履行治安管理职责，**根据宪法**，制定本法。
第六条　各级人民政府应当加强社会治安综合治理，采取有效措施，化解社会矛盾，增进社会和谐，维护社会稳定。	第二条　**治安管理工作坚持中国共产党的领导，坚持综合治理。** 各级人民政府应当加强社会治安综合治理，采取有效措施，**预防和**化解社会矛盾**纠纷**，增进社会和谐，维护社会稳定。
第二条　扰乱公共秩序，妨害公共安全，侵犯人身权利、财产权利，妨害社会管理，具有社会危害性，依照《中华人民共和国刑法》的规定构成犯罪的，依法追究刑事责任；尚不够刑事处罚的，由公安机关依照本法给予治安管理处罚。	第三条　扰乱公共秩序，妨害公共安全，侵犯人身权利、财产权利，妨害社会管理，具有社会危害性，依照《中华人民共和国刑法》的规定构成犯罪的，依法追究刑事责任；尚不够刑事处罚的，由公安机关依照本法给予治安管理处罚。
第三条　治安管理处罚的程序，适用本法的规定；本法没有规定的，适用《中华人民共和国行政处罚法》的有关规定。	第四条　治安管理处罚的程序，适用本法的规定；本法没有规定的，适用《中华人民共和国行政处罚法》、**《中华人民共和国行政强制法》**的有关规定。
第四条　在中华人民共和国领域内发生的违反治安管理行为，除法律有特别规定的外，适用本法。 在中华人民共和国船舶和航空器内发生的违反治安管理行为，除法律有特别规定的外，适用本法。	第五条　在中华人民共和国领域内发生的违反治安管理行为，除法律有特别规定的外，适用本法。 在中华人民共和国船舶和航空器内发生的违反治安管理行为，除法律有特别规定的外，适用本法。 **在外国船舶和航空器内发生的违反治安管理行为，依照中华人民共和国缔结或者参加的国际条约，中**

修订前	修订后
	华人民共和国行使管辖权的,适用本法。
第五条 治安管理处罚必须以事实为依据,与违反治安管理行为的性质、情节以及社会危害程度相当。 实施治安管理处罚,应当公开、公正,尊重和保障人权,保护公民的人格尊严。 办理治安案件应当坚持教育与处罚相结合的原则。	第六条 治安管理处罚必须以事实为依据,与违反治安管理的事实、性质、情节以及社会危害程度相当。 实施治安管理处罚,应当公开、公正,尊重和保障人权,保护公民的人格尊严。 办理治安案件应当坚持教育与处罚相结合的原则,**充分释法说理,教育公民、法人或者其他组织自觉守法**。
第七条 国务院公安部门负责全国的治安管理工作。县级以上地方各级人民政府公安机关负责本行政区域内的治安管理工作。 治安案件的管辖由国务院公安部门规定。	第七条 国务院公安部门负责全国的治安管理工作。县级以上地方各级人民政府公安机关负责本行政区域内的治安管理工作。 治安案件的管辖由国务院公安部门规定。
第八条 违反治安管理的行为对他人造成损害的,行为人或者其监护人应当依法承担民事责任。	第八条 违反治安管理行为对他人造成损害的,**除依照本法给予治安管理处罚外**,行为人或者其监护人**还**应当依法承担民事责任。 **违反治安管理行为构成犯罪,应当依法追究刑事责任的,不得以治安管理处罚代替刑事处罚**。
第九条 对于因民间纠纷引起的打架斗殴或者损毁他人财物等违反治安管理行为,情节较轻的,公安机关可以调解处理。经公安机关调	第九条 对于因民间纠纷引起的打架斗殴或者损毁他人财物等违反治安管理行为,情节较轻的,公安机关可以调解处理。

修订前	修订后
解,当事人达成协议的,不予处罚。经调解未达成协议或者达成协议后不履行的,公安机关应当依照本法的规定对违反治安管理行为人给予处罚,并告知当事人可以就民事争议依法向人民法院提起民事诉讼。	调解处理治安案件,应当查明事实,并遵循合法、公正、自愿、及时的原则,注重教育和疏导,促进化解矛盾纠纷。 　　经公安机关调解,当事人达成协议的,不予处罚。经调解未达成协议或者达成协议后不履行的,公安机关应应当依照本法的规定对违反治安管理行为作出处理,并告知当事人可以就民事争议依法向人民法院提起民事诉讼。 　　对属于第一款规定的调解范围的治安案件,公安机关作出处理决定前,当事人自行和解或者经人民调解委员会调解达成协议并履行,书面申请经公安机关认可的,不予处罚。
第二章　处罚的种类和适用	第二章　处罚的种类和适用
第十条　治安管理处罚的种类分为: 　　(一)警告; 　　(二)罚款; 　　(三)行政拘留; 　　(四)吊销公安机关发放的许可证。 　　对违反治安管理的外国人,可以附加适用限期出境或者驱逐出境。	第十条　治安管理处罚的种类分为: 　　(一)警告; 　　(二)罚款; 　　(三)行政拘留; 　　(四)吊销公安机关发放的许可证件。 　　对违反治安管理的外国人,可以附加适用限期出境或者驱逐出境。
第十一条　办理治安案件所查获的毒品、淫秽物品等违禁品,赌具、赌资、吸食、注射毒品的用具以及直接用于实施违反治安管理行为	第十一条　办理治安案件所查获的毒品、淫秽物品等违禁品,赌具、赌资、吸食、注射毒品的用具以及直接用于实施违反治安管理行为

修订前	修订后
的本人所有的工具，应当收缴，按照规定处理。 　　违反治安管理所得的财物，追缴退还被侵害人；没有被侵害人的，登记造册，公开拍卖或者按照国家有关规定处理，所得款项上缴国库。	的本人所有的工具，应当收缴，按照规定处理。 　　违反治安管理所得的财物，追缴退还被侵害人；没有被侵害人的，登记造册，公开拍卖或者按照国家有关规定处理，所得款项上缴国库。
第十二条　已满十四周岁不满十八周岁的人违反治安管理的，从轻或者减轻处罚；不满十四周岁的人违反治安管理的，不予处罚，但是应当责令其监护人严加管教。	**第十二条**　已满十四周岁不满十八周岁的人违反治安管理的，从轻或者减轻处罚；不满十四周岁的人违反治安管理的，不予处罚，但是应当责令其监护人严加管教。
第十三条　精神病人在不能辨认或者不能控制自己行为的时候违反治安管理的，不予处罚，但是应当责令其监护人**严加看管**和治疗。间歇性的精神病人在精神正常的时候违反治安管理的，应当给予处罚。	**第十三条**　精神病人、**智力残疾人**在不能辨认或者不能控制自己行为的时候违反治安管理的，不予处罚，但是应当责令其监护人**加强看护管理**和治疗。间歇性的精神病人在精神正常的时候违反治安管理的，应当给予处罚。**尚未完全丧失辨认或者控制自己行为能力的精神病人、智力残疾人违反治安管理的，应当给予处罚，但是可以从轻或者减轻处罚。**
第十四条　盲人或者又聋又哑的人违反治安管理的，可以从轻、减轻或者不予处罚。	**第十四条**　盲人或者又聋又哑的人违反治安管理的，可以从轻、减轻或者不予处罚。
第十五条　醉酒的人违反治安管理的，应当给予处罚。 　　醉酒的人在醉酒状态中，对本人有危险或者对他人的人身、财产或者公共安全有威胁的，应当对其采取保护性措施约束至酒醒。	**第十五条**　醉酒的人违反治安管理的，应当给予处罚。 　　醉酒的人在醉酒状态中，对本人有危险或者对他人的人身、财产或者公共安全有威胁的，应当对其采取保护性措施约束至酒醒。

修订前	修订后
第十六条　有两种以上违反治安管理行为的，分别决定，合并执行。行政拘留处罚合并执行的，最长不超过二十日。	第十六条　有两种以上违反治安管理行为的，分别决定，合并执行**处罚**。行政拘留处罚合并执行的，最长不超过二十日。
第十七条　共同违反治安管理的，根据**违反治安管理**行为人在违反治安管理行为中所起的作用，分别处罚。 　　教唆、胁迫、诱骗他人违反治安管理的，按照其教唆、胁迫、诱骗的行为处罚。	第十七条　共同违反治安管理的，根据行为人在违反治安管理行为中所起的作用，分别处罚。 　　教唆、胁迫、诱骗他人违反治安管理的，按照其教唆、胁迫、诱骗的行为处罚。
第十八条　单位违反治安管理的，对其直接负责的主管人员和其他直接责任人员依照本法的规定处罚。其他法律、行政法规对同一行为规定给予单位处罚的，依照其规定处罚。	第十八条　单位违反治安管理的，对其直接负责的主管人员和其他直接责任人员依照本法的规定处罚。其他法律、行政法规对同一行为规定给予单位处罚的，依照其规定处罚。
	第十九条　为了免受正在进行的不法侵害而采取的制止行为，造成损害的，不属于违反治安管理行为，不受处罚；制止行为明显超过必要限度，造成较大损害的，依法给予处罚，但是应当减轻处罚；情节较轻的，不予处罚。
第十九条　违反治安管理有下列情形之一的，减轻**处罚**或者不予处罚： 　　（一）情节**特别**轻微的； 　　（二）主动消除或者减轻违法后果，**并**取得被侵害人谅解的； 　　（三）出于他人胁迫或者诱骗的；	第二十条　违反治安管理有下列情形之一的，**从轻、**减轻或者不予处罚： 　　（一）情节轻微的； 　　（二）主动消除或者减轻违法后果的； 　　（三）取得被侵害人谅解的；

修订前	修订后
（四）主动投案，向公安机关如实陈述自己的违法行为的； （五）有立功表现的。	（四）出于他人胁迫或者诱骗的； （五）主动投案，向公安机关如实陈述自己的违法行为的； （六）有立功表现的。
	第二十一条　违反治安管理行为人自愿向公安机关如实陈述自己的违法行为，承认违法事实，愿意接受处罚的，可以依法从宽处理。
第二十条　违反治安管理有下列情形之一的，从重处罚： 　　（一）有较严重后果的； 　　（二）教唆、胁迫、诱骗他人违反治安管理的； 　　（三）对报案人、控告人、举报人、证人打击报复的； 　　（四）六个月内曾受过治安管理处罚的。	第二十二条　违反治安管理有下列情形之一的，从重处罚： 　　（一）有较严重后果的； 　　（二）教唆、胁迫、诱骗他人违反治安管理的； 　　（三）对报案人、控告人、举报人、证人打击报复的； 　　（四）一年以内曾受过治安管理处罚的。
第二十一条　违反治安管理行为人有下列情形之一，依照本法应当给予行政拘留处罚的，不执行行政拘留处罚： 　　（一）已满十四周岁不满十六周岁的； 　　（二）已满十六周岁不满十八周岁，初次违反治安管理的； 　　（三）七十周岁以上的； 　　（四）怀孕或者哺乳自己不满一周岁婴儿的。	第二十三条　违反治安管理行为人有下列情形之一，依照本法应当给予行政拘留处罚的，不执行行政拘留处罚： 　　（一）已满十四周岁不满十六周岁的； 　　（二）已满十六周岁不满十八周岁，初次违反治安管理的； 　　（三）七十周岁以上的； 　　（四）怀孕或者哺乳自己不满一周岁婴儿的。 　　前款第一项、第二项、第三项规定的行为人违反治安管理情节严重、影响恶劣的，或者第一项、第三

修订前	修订后
	项规定的行为人在一年以内二次以上违反治安管理的,不受前款规定的限制。
	第二十四条 对依照本法第十二条规定不予处罚或者依照本法第二十三条规定不执行行政拘留处罚的未成年人,公安机关依照《中华人民共和国预防未成年人犯罪法》的规定采取相应矫治教育等措施。
第二十二条 违反治安管理行为在六个月内没有被公安机关发现的,不再处罚。 前款规定的期限,从违反治安管理行为发生之日起计算;违反治安管理行为有连续或者继续状态的,从行为终了之日起计算。	第二十五条 违反治安管理行为在六个月以内没有被公安机关发现的,不再处罚。 前款规定的期限,从违反治安管理行为发生之日起计算;违反治安管理行为有连续或者继续状态的,从行为终了之日起计算。
第三章 违反治安管理的行为和处罚	第三章 违反治安管理的行为和处罚
第一节 扰乱公共秩序的行为和处罚	第一节 扰乱公共秩序的行为和处罚
第二十三条 有下列行为之一的,处警告或者二百元以下罚款;情节较重的,处五日以上十日以下拘留,可以并处五百元以下罚款: (一)扰乱机关、团体、企业、事业单位秩序,致使工作、生产、营业、医疗、教学、科研不能正常进行,尚未造成严重损失的; (二)扰乱车站、港口、码头、机场、商场、公园、展览馆或者其他公共场所秩序的; (三)扰乱公共汽车、电车、火	第二十六条 有下列行为之一的,处警告或者五百元以下罚款;情节较重的,处五日以上十日以下拘留,可以并处一千元以下罚款: (一)扰乱机关、团体、企业、事业单位秩序,致使工作、生产、营业、医疗、教学、科研不能正常进行,尚未造成严重损失的; (二)扰乱车站、港口、码头、机场、商场、公园、展览馆或者其他公共场所秩序的; (三)扰乱公共汽车、电车、城

修订前	修订后
车、船舶、航空器或者其他公共交通工具上的秩序的; （四）非法拦截或者强登、扒乘机动车、船舶、航空器以及其他交通工具，影响交通工具正常行驶的; （五）破坏依法进行的选举秩序。 聚众实施前款行为的，对首要分子处十日以上十五日以下拘留，可以并处一千元以下罚款。	**市轨道交通车辆**、火车、船舶、航空器或者其他公共交通工具上的秩序的; （四）非法拦截或者强登、扒乘机动车、船舶、航空器以及其他交通工具，影响交通工具正常行驶的; （五）破坏依法进行的选举秩序。 聚众实施前款行为的，对首要分子处十日以上十五日以下拘留，可以并处二千元以下罚款。
	第二十七条　在法律、行政法规规定的国家考试中，有下列行为之一，扰乱考试秩序的，处违法所得一倍以上五倍以下罚款，没有违法所得或者违法所得不足一千元的，处一千元以上三千元以下罚款;情节较重的，处五日以上十五日以下拘留: （一）组织作弊的; （二）为他人组织作弊提供作弊器材或者其他帮助的; （三）为实施考试作弊行为，向他人非法出售、提供考试试题、答案的; （四）代替他人或者让他人代替自己参加考试的。
第二十四条　有下列行为之一，扰乱**文化**、体育等大型群众性活动秩序的，处警告或者二百元以下罚	第二十八条　有下列行为之一，扰乱**体育**、文化等大型群众性活动秩序的，处警告或者五百元以下罚

修订前	修订后
款；情节严重的，处五日以上十日以下拘留，可以并处五百元以下罚款： （一）强行进入场内的； （二）违反规定，在场内燃放烟花爆竹或者其他物品的； （三）展示侮辱性标语、条幅等物品的； （四）围攻裁判员、运动员或者其他工作人员的； （五）向场内投掷杂物，不听制止的； （六）扰乱大型群众性活动秩序的其他行为。 因扰乱体育比赛秩序被处以拘留处罚的，可以同时责令其十二个月内不得进入体育场馆观看同类比赛；违反规定进入体育场馆的，强行带离现场。	款；情节严重的，处五日以上十日以下拘留，可以并处**一千**元以下罚款： （一）强行进入场内的； （二）违反规定，在场内燃放烟花爆竹或者其他物品的； （三）展示侮辱性标语、条幅等物品的； （四）围攻裁判员、运动员或者其他工作人员的； （五）向场内投掷杂物，不听制止的； （六）扰乱大型群众性活动秩序的其他行为。 因扰乱体育比赛、**文艺演出活动**秩序被处以拘留处罚的，可以同时责令其六个月**至一年**以内不得进入体育场馆、**演出场馆**观看同类比赛、**演出**；违反规定进入体育场馆、**演出场馆**的，强行带离现场，**可以处五日以下拘留或者一千元以下罚款。**
第二十五条　有下列行为之一的，处五日以上十日以下拘留，可以并处**五百**元以下罚款；情节较轻的，处五日以下拘留或者**五百**元以下罚款： （一）散布谣言，谎报险情、疫情、警情或者以其他方法故意扰乱公共秩序的； （二）投放虚假的爆炸性、毒害性、放射性、腐蚀性物质或者传染	**第二十九条**　有下列行为之一的，处五日以上十日以下拘留，可以并处**一千**元以下罚款；情节较轻的，处五日以下拘留或者一千元以下罚款： （一）**故意**散布谣言，谎报险情、疫情、**灾情**、警情或者以其他方法故意扰乱公共秩序的； （二）投放虚假的爆炸性、毒害性、放射性、腐蚀性物质或者传染

修订前	修订后
病病原体等危险物质扰乱公共秩序的； （三）扬言实施放火、爆炸、投放危险物质扰乱公共秩序的。	病病原体等危险物质扰乱公共秩序的； （三）扬言实施放火、爆炸、投放危险物质**等危害公共安全犯罪行为**扰乱公共秩序的。
第二十六条　有下列行为之一的，处五日以上十日以下拘留，**可以并处五百**元以下罚款；情节较重的，处十日以上十五日以下拘留，可以并处**一**千元以下罚款： （一）结伙斗殴的； （二）追逐、拦截他人的； （三）强拿硬要或者任意损毁、占用公私财物的； （四）其他寻衅滋事行为。	第三十条　有下列行为之一的，处五日以上十日以下拘留**或者一千**元以下罚款；情节较重的，处十日以上十五日以下拘留，可以并处二千元以下罚款： （一）结伙斗殴**或者随意殴打他人**的； （二）追逐、拦截他人的； （三）强拿硬要或者任意损毁、占用公私财物的； （四）其他**无故侵扰他人、扰乱社会秩序的**寻衅滋事行为。
第二十七条　有下列行为之一的，处十日以上十五日以下拘留，可以并处**一**千元以下罚款；情节较轻的，处五日以上十日以下拘留，可以并处**五百**元以下罚款： （一）组织、教唆、胁迫、诱骗、煽动他人从事邪教、会道门活动或者利用邪教、会道门、迷信活动，扰乱社会秩序、损害他人身体健康的； （二）冒用宗教、气功名义进行扰乱社会秩序、损害他人身体健康活动的。	第三十一条　有下列行为之一的，处十日以上十五日以下拘留，可以并处**二**千元以下罚款；情节较轻的，处五日以上十日以下拘留，可以并处**一**千元以下罚款： （一）组织、教唆、胁迫、诱骗、煽动他人从事邪教**活动**、会道门活动、**非法的宗教活动**或者利用邪教**组织**、会道门、迷信活动，扰乱社会秩序、损害他人身体健康的； （二）冒用宗教、气功名义进行扰乱社会秩序、损害他人身体健康活动的；

修订前	修订后
	（三）制作、传播宣扬邪教、会道门内容的物品、信息、资料的。
第二十八条 违反国家规定，故意干扰无线电业务正常进行的，或者对正常运行的无线电台（站）产生有害干扰，经有关主管部门指出后，拒不采取有效措施消除的，处五日以上十日以下拘留；情节严重的，处十日以上十五日以下拘留。	第三十二条 违反国家规定，有下列行为之一的，处五日以上十日以下拘留；情节严重的，处十日以上十五日以下拘留： （一）故意干扰无线电业务正常进行的； （二）对正常运行的无线电台（站）产生有害干扰，经有关主管部门指出后，拒不采取有效措施消除的； （三）未经批准设置无线电广播电台、通信基站等无线电台（站）的，或者非法使用、占用无线电频率，从事违法活动的。
第二十九条 有下列行为之一的，处五日以下拘留；情节较重的，处五日以上十日以下拘留： （一）违反国家规定，侵入计算机信息系统，造成危害的； （二）违反国家规定，对计算机信息系统功能进行删除、修改、增加、干扰，造成计算机信息系统不能正常运行的； （三）违反国家规定，对计算机信息系统中存储、处理、传输的数据和应用程序进行删除、修改、增加的； （四）故意制作、传播计算机病毒等破坏性程序，影响计算机信息系统正常运行的。	第三十三条 有下列行为之一，造成危害的，处五日以下拘留；情节较重的，处五日以上十五日以下拘留： （一）违反国家规定，侵入计算机信息系统或者采用其他技术手段，获取计算机信息系统中存储、处理或者传输的数据，或者对计算机信息系统实施非法控制的； （二）违反国家规定，对计算机信息系统功能进行删除、修改、增加、干扰的； （三）违反国家规定，对计算机信息系统中存储、处理、传输的数据和应用程序进行删除、修改、增加的；

修订前	修订后
	（四）故意制作、传播计算机病毒等破坏性程序的； （五）提供专门用于侵入、非法控制计算机信息系统的程序、工具，或者明知他人实施侵入、非法控制计算机信息系统的违法犯罪行为而为其提供程序、工具的。
	第三十四条　组织、领导传销活动的，处十日以上十五日以下拘留；情节较轻的，处五日以上十日以下拘留。 　　胁迫、诱骗他人参加传销活动的，处五日以上十日以下拘留；情节较重的，处十日以上十五日以下拘留。
	第三十五条　有下列行为之一的，处五日以上十日以下拘留或者一千元以上三千元以下罚款；情节较重的，处十日以上十五日以下拘留，可以并处五千元以下罚款： 　　（一）在国家举行庆祝、纪念、缅怀、公祭等重要活动的场所及周边管控区域，故意从事与活动主题和氛围相违背的行为，不听劝阻，造成不良社会影响的； 　　（二）在英雄烈士纪念设施保护范围内从事有损纪念英雄烈士环境和氛围的活动，不听劝阻的，或者侵占、破坏、污损英雄烈士纪念设施的； 　　（三）以侮辱、诽谤或者其他方

修订前	修订后
	式侵害英雄烈士的姓名、肖像、名誉、荣誉，损害社会公共利益的； （四）亵渎、否定英雄烈士事迹和精神，或者制作、传播、散布宣扬、美化侵略战争、侵略行为的言论或者图片、音视频等物品，扰乱公共秩序的； （五）在公共场所或者强制他人在公共场所穿着、佩戴宣扬、美化侵略战争、侵略行为的服饰、标志，不听劝阻，造成不良社会影响的。
第二节　妨害公共安全的行为和处罚	第二节　妨害公共安全的行为和处罚
第三十条　违反国家规定，制造、买卖、储存、运输、邮寄、携带、使用、提供、处置爆炸性、毒害性、放射性、腐蚀性物质或者传染病病原体等危险物质的，处十日以上十五日以下拘留；情节较轻的，处五日以上十日以下拘留。	第三十六条　违反国家规定，制造、买卖、储存、运输、邮寄、携带、使用、提供、处置爆炸性、毒害性、放射性、腐蚀性物质或者传染病病原体等危险物质的，处十日以上十五日以下拘留；情节较轻的，处五日以上十日以下拘留。
第三十一条　爆炸性、毒害性、放射性、腐蚀性物质或者传染病病原体等危险物质被盗、被抢或者丢失，未按规定报告的，处五日以下拘留；故意隐瞒不报的，处五日以上十日以下拘留。	第三十七条　爆炸性、毒害性、放射性、腐蚀性物质或者传染病病原体等危险物质被盗、被抢或者丢失，未按规定报告的，处五日以下拘留；故意隐瞒不报的，处五日以上十日以下拘留。
第三十二条　非法携带枪支、弹药或者弩、匕首等国家规定的管制器具的，处五日以下拘留，可以并处五百元以下罚款；情节较轻的，处警告或者二百元以下罚款。	第三十八条　非法携带枪支、弹药或者弩、匕首等国家规定的管制器具的，处五日以下拘留，可以并处一千元以下罚款；情节较轻的，处警告或者五百元以下罚款。

修订前	修订后
非法携带枪支、弹药或者弩、匕首等国家规定的管制器具进入公共场所或者公共交通工具的，处五日以上十日以下拘留，可以并处**五百元**以下罚款。	非法携带枪支、弹药或者弩、匕首等国家规定的管制器具进入公共场所或者公共交通工具的，处五日以上十日以下拘留，可以并处**一千元**以下罚款。
第三十三条　有下列行为之一的，处十日以上十五日以下拘留： （一）盗窃、损毁油气管道设施、电力电信设施、广播电视设施、水利**防汛**工程设施或者水文监测、测量、气象测报、环境监测、地质监测、地震监测等公共设施的； （二）移动、损毁国家边境的界碑、界桩以及其他边境标志、边境设施或者领土、领海标志设施的； （三）非法进行影响国（边）界线走向的活动或者修建有碍国（边）境管理的设施的。	第三十九条　有下列行为之一的，处十日以上十五日以下拘留；**情节较轻的，处五日以下拘留：** （一）盗窃、损毁油气管道设施、电力电信设施、广播电视设施、水利工程设施、**公共供水设施、公路及附属设施**或者水文监测、测量、气象测报、**生态**环境监测、地质监测、地震监测等公共设施，**危及公共安全**的； （二）移动、损毁国家边境的界碑、界桩以及其他边境标志、边境设施或者领土、领海**基点**标志设施的； （三）非法进行影响国（边）界线走向的活动或者修建有碍国（边）境管理的设施的。
第三十四条　盗窃、损坏、擅自移动使用中的航空设施，或者强行进入航空器驾驶舱的，处十日以上十五日以下拘留。 在使用中的航空器上使用可能影响导航系统正常功能的器具、工具，不听劝阻的，处五日以下拘留或者**五百元**以下罚款。	第四十条　盗窃、损坏、擅自移动使用中的航空设施，或者强行进入航空器驾驶舱的，处十日以上十五日以下拘留。 在使用中的航空器上使用可能影响导航系统正常功能的器具、工具，不听劝阻的，处五日以下拘留或者一千元以下罚款。 **盗窃、损坏、擅自移动使用中的**

修订前	修订后
	其他公共交通工具设施、设备，或者以抢控驾驶操纵装置、拉扯、殴打驾驶人员等方式，干扰公共交通工具正常行驶的，处五日以下拘留或者一千元以下罚款；情节较重的，处五日以上十日以下拘留。
第三十五条　有下列行为之一的，处五日以上十日以下拘留，可以并处五百元以下罚款；情节较轻的，处五日以下拘留或者五百元以下罚款： （一）盗窃、损毁或者擅自移动铁路设施、设备、机车车辆配件或者安全标志的； （二）在铁路线路上放置障碍物，或者故意向列车投掷物品的； （三）在铁路线路、桥梁、涵洞处挖掘坑穴、采石取沙的； （四）在铁路线路上私设道口或者平交过道的。	第四十一条　有下列行为之一的，处五日以上十日以下拘留，可以并处一千元以下罚款；情节较轻的，处五日以下拘留或者一千元以下罚款： （一）盗窃、损毁、擅自移动铁路、**城市轨道交通**设施、设备、机车车辆配件或者安全标志的； （二）在铁路、**城市轨道交通**线路上放置障碍物，或者故意向列车投掷物品的； （三）在铁路、**城市轨道交通**线路、桥梁、**隧道**、涵洞处挖掘坑穴、采石取沙的； （四）在铁路、**城市轨道交通**线路上私设道口或者平交过道的。
第三十六条　擅自进入铁路防护网或者火车来临时在铁路线路上行走坐卧、抢越铁路，影响行车安全的，处警告或者二百元以下罚款。	第四十二条　擅自进入铁路、**城市轨道交通**防护网或者火车、**城市轨道交通**列车来临时在铁路、**城市轨道交通**线路上行走坐卧，抢越铁路、**城市轨道**，影响行车安全的，处警告或者五百元以下罚款。
第三十七条　有下列行为之一的，处五日以下拘留或者五百元以下罚款；情节严重的，处五日以上十	第四十三条　有下列行为之一的，处五日以下拘留或者一千元以下罚款；情节严重的，处十日以上十

修订前	修订后
日以下拘留，可以并处<mark>五百</mark>元以下罚款： （一）未经批准，安装、使用电网的，或者安装、使用电网不符合安全规定的； （二）在车辆、行人通行的地方施工，对沟井坎穴不设覆盖物、防围和警示标志的，或者故意损毁、移动覆盖物、防围和警示标志的； （三）盗窃、损毁路面井盖、照明等公共设施的。	五日以下拘留，可以并处一千元以下罚款： （一）未经批准，安装、使用电网的，或者安装、使用电网不符合安全规定的； （二）在车辆、行人通行的地方施工，对沟井坎穴不设覆盖物、防围和警示标志的，或者故意损毁、移动覆盖物、防围和警示标志的； （三）盗窃、损毁路面井盖、照明等公共设施的； **（四）违反有关法律法规规定，升放携带明火的升空物体，有发生火灾事故危险，不听劝阻的；** **（五）从建筑物或者其他高空抛掷物品，有危害他人人身安全、公私财产安全或者公共安全危险的。**
第三十八条 举办<mark>文化</mark>、体育等大型群众性活动，违反有关规定，有发生安全事故危险<mark>的</mark>，责令停止活动，立即疏散；对<mark>组织者处五日以上十日以下拘留，并处</mark><mark>二百元以上五百</mark>元以下罚款；情节较<mark>轻的，处五日以下拘留或者五百元以下罚款</mark>。	第四十四条 举办体育、文化等大型群众性活动，违反有关规定，有发生安全事故危险，**经公安机关责令改正而拒不改正或者无法改正的**，责令停止活动，立即疏散；对**其直接负责的主管人员和其他直接责任人员处五日以上十日以下拘留，并处一千元以上三千元以下罚款**；情节较重的，处十日以上十五日以下拘留，并处三千元以上五千元以下罚款，可以同时责令六个月至一年以内不得举办大型群众性活动。
第三十九条 旅馆、饭店、影剧院、娱乐场、<mark>运动场</mark>、展览馆或者	第四十五条 旅馆、饭店、影剧院、娱乐场、**体育场馆**、展览馆或

修订前	修订后
其他供社会公众活动的场所的经营管理人员，违反安全规定，致使该场所有发生安全事故危险，经公安机关责令改正，拒不改正的，处五日以下拘留。	者其他供社会公众活动的场所违反安全规定，致使该场所有发生安全事故危险，经公安机关责令改正而拒不改正的，对其直接负责的主管人员和其他直接责任人员处五日以下拘留；情节较重的，处五日以上十日以下拘留。
	第四十六条　违反有关法律法规关于飞行空域管理规定，飞行民用无人驾驶航空器、航空运动器材，或者升放无人驾驶自由气球、系留气球等升空物体，情节较重的，处五日以上十日以下拘留。 　　飞行、升放前款规定的物体非法穿越国（边）境的，处十日以上十五日以下拘留。
第三节　侵犯人身权利、财产权利的行为和处罚	第三节　侵犯人身权利、财产权利的行为和处罚
第四十条　有下列行为之一的，处十日以上十五日以下拘留，并处五百元以上一千元以下罚款；情节较轻的，处五日以上十日以下拘留，并处二百元以上五百元以下罚款： 　　（一）组织、胁迫、诱骗不满十六周岁的人或者残疾人进行恐怖、残忍表演的； 　　（二）以暴力、威胁或者其他手段强迫他人劳动的； 　　（三）非法限制他人人身自由、非法侵入他人住宅或者非法搜查他人身体的。	第四十七条　有下列行为之一的，处十日以上十五日以下拘留，并处一千元以上二千元以下罚款；情节较轻的，处五日以上十日以下拘留，并处一千元以下罚款： 　　（一）组织、胁迫、诱骗不满十六周岁的人或者残疾人进行恐怖、残忍表演的； 　　（二）以暴力、威胁或者其他手段强迫他人劳动的； 　　（三）非法限制他人人身自由、非法侵入他人住宅或者非法搜查他人身体的。

修订前	修订后
	第四十八条　组织、胁迫未成年人在不适宜未成年人活动的经营场所从事陪酒、陪唱等有偿陪侍活动的，处十日以上十五日以下拘留，并处五千元以下罚款；情节较轻的，处五日以下拘留或者五千元以下罚款。
第四十一条　胁迫、诱骗或者利用他人乞讨的，处十日以上十五日以下拘留，可以并处一千元以下罚款。 反复纠缠、强行讨要或者以其他滋扰他人的方式乞讨的，处五日以下拘留或者警告。	第四十九条　胁迫、诱骗或者利用他人乞讨的，处十日以上十五日以下拘留，可以并处二千元以下罚款。 反复纠缠、强行讨要或者以其他滋扰他人的方式乞讨的，处五日以下拘留或者警告。
第四十二条　有下列行为之一的，处五日以下拘留或者五百元以下罚款；情节较重的，处五日以上十日以下拘留，可以并处五百元以下罚款： （一）写恐吓信或者以其他方法威胁他人人身安全的； （二）公然侮辱他人或者捏造事实诽谤他人的； （三）捏造事实诬告陷害他人，企图使他人受到刑事追究或者受到治安管理处罚的； （四）对证人及其近亲属进行威胁、侮辱、殴打或者打击报复的； （五）多次发送淫秽、侮辱、恐吓或者其他信息，干扰他人正常生活的；	第五十条　有下列行为之一的，处五日以下拘留或者一千元以下罚款；情节较重的，处五日以上十日以下拘留，可以并处一千元以下罚款： （一）写恐吓信或者以其他方法威胁他人人身安全的； （二）公然侮辱他人或者捏造事实诽谤他人的； （三）捏造事实诬告陷害他人，企图使他人受到刑事追究或者受到治安管理处罚的； （四）对证人及其近亲属进行威胁、侮辱、殴打或者打击报复的； （五）多次发送淫秽、侮辱、恐吓等信息或者采取滋扰、纠缠、跟踪等方法，干扰他人正常生活的；

修订前	修订后
（六）偷窥、偷拍、窃听、散布他人隐私的。	（六）偷窥、偷拍、窃听、散布他人隐私的。 有前款第五项规定的滋扰、纠缠、跟踪行为的，除依照前款规定给予处罚外，经公安机关负责人批准，可以责令其一定期限内禁止接触被侵害人。对违反禁止接触规定的，处五日以上十日以下拘留，可以并处一千元以下罚款。
第四十三条　殴打他人的，或者故意伤害他人身体的，处五日以上十日以下拘留，并处二百元以上五百元以下罚款；情节较轻的，处五日以下拘留或者五百元以下罚款。 有下列情形之一的，处十日以上十五日以下拘留，并处五百元以上一千元以下罚款： （一）结伙殴打、伤害他人的； （二）殴打、伤害残疾人、孕妇、不满十四周岁的人或者六十周岁以上的人的； （三）多次殴打、伤害他人或者一次殴打、伤害多人的。	第五十一条　殴打他人的，或者故意伤害他人身体的，处五日以上十日以下拘留，并处五百元以上一千元以下罚款；情节较轻的，处五日以下拘留或者一千元以下罚款。 有下列情形之一的，处十日以上十五日以下拘留，并处一千元以上二千元以下罚款： （一）结伙殴打、伤害他人的； （二）殴打、伤害残疾人、孕妇、不满十四周岁的人或者七十岁以上的人的； （三）多次殴打、伤害他人或者一次殴打、伤害多人的。
第四十四条　猥亵他人的，或者在公共场所故意裸露身体，情节恶劣的，处五日以上十日以下拘留；猥亵智力残疾人、精神病人、不满十四周岁的人或者有其他严重情节的，处十日以上十五日以下拘留。	第五十二条　猥亵他人的，处五日以上十日以下拘留；猥亵精神病人、智力残疾人、不满十四周岁的人或者有其他严重情节的，处十日以上十五日以下拘留。 在公共场所故意裸露身体隐私部位的，处警告或者五百元以下罚

修订前	修订后
	款；情节恶劣的，处五日以上十日以下拘留。
第四十五条 有下列行为之一的，处五日以下拘留或者警告： （一）虐待家庭成员，被虐待人要求处理的； （二）遗弃没有独立生活能力的被扶养人的。	第五十三条 有下列行为之一的，处五日以下拘留或者警告；情节较重的，处五日以上十日以下拘留，可以并处一千元以下罚款： （一）虐待家庭成员，被虐待人或者其监护人要求处理的； （二）对未成年人、老年人、患病的人、残疾人等负有监护、看护职责的人虐待被监护、看护的人的； （三）遗弃没有独立生活能力的被扶养人的。
第四十六条 强买强卖商品，强迫他人提供服务或者强迫他人接受服务的，处五日以上十日以下拘留，并处二百元以上五百元以下罚款；情节较轻的，处五日以下拘留或者五百元以下罚款。	第五十四条 强买强卖商品，强迫他人提供服务或者强迫他人接受服务的，处五日以上十日以下拘留，并处三千元以上五千元以下罚款；情节较轻的，处五日以下拘留或者一千元以下罚款。
第四十七条 煽动民族仇恨、民族歧视，或者在出版物、计算机信息网络中刊载民族歧视、侮辱内容的，处十日以上十五日以下拘留，可以并处一千元以下罚款。	第五十五条 煽动民族仇恨、民族歧视，或者在出版物、信息网络中刊载民族歧视、侮辱内容的，处十日以上十五日以下拘留，可以并处三千元以下罚款；情节较轻的，处五日以下拘留或者三千元以下罚款。
	第五十六条 违反国家有关规定，向他人出售或者提供个人信息的，处十日以上十五日以下拘留；情节较轻的，处五日以下拘留。

修订前	修订后
	窃取或者以其他方法非法获取个人信息的，依照前款的规定处罚。
第四十八条　冒领、隐匿、毁弃、私自开拆或者非法检查他人邮件的，处五日以下拘留或者五百元以下罚款。	第五十七条　冒领、隐匿、毁弃、**倒卖**、私自开拆或者非法检查他人邮件、**快件**的，处警告或者一千元以下罚款；情节较重的，处五日以上十日以下拘留。
第四十九条　盗窃、诈骗、哄抢、抢夺、敲诈勒索或者故意损毁公私财物的，处五日以上十日以下拘留，可以并处五百元以下罚款；情节较重的，处十日以上十五日以下拘留，可以并处一千元以下罚款。	第五十八条　盗窃、诈骗、哄抢、抢夺或者敲诈勒索的，处五日以上十日以下拘留或者二千元以下罚款；情节较重的，处十日以上十五日以下拘留，可以并处三千元以下罚款。
	第五十九条　故意损毁公私财物的，处五日以下拘留或者一千元以下罚款；情节较重的，处五日以上十日以下拘留，可以并处三千元以下罚款。
	第六十条　以殴打、侮辱、恐吓等方式实施学生欺凌，违反治安管理的，公安机关应当依照本法、《中华人民共和国预防未成年人犯罪法》的规定，给予治安管理处罚、采取相应矫治教育等措施。 　　学校违反有关法律法规规定，明知发生严重的学生欺凌或者明知发生其他侵害未成年学生的犯罪，不按规定报告或者处置的，责令改正，对其直接负责的主管人员和其他直接责任人员，建议有关部门依法予以处分。

修订前	修订后
第四节　妨害社会管理的行为和处罚	第四节　妨害社会管理的行为和处罚
第五十条　有下列行为之一的，处警告或者二百元以下罚款；情节严重的，处五日以上十日以下拘留，可以并处五百元以下罚款： 　　（一）拒不执行人民政府在紧急状态情况下依法发布的决定、命令的； 　　（二）阻碍国家机关工作人员依法执行职务的； 　　（三）阻碍执行紧急任务的消防车、救护车、工程抢险车、警车等车辆通行的； 　　（四）强行冲闯公安机关设置的警戒带、警戒区的。 　　阻碍人民警察依法执行职务的，从重处罚。	第六十一条　有下列行为之一的，处警告或者五百元以下罚款；情节严重的，处五日以上十日以下拘留，可以并处一千元以下罚款： 　　（一）拒不执行人民政府在紧急状态情况下依法发布的决定、命令的； 　　（二）阻碍国家机关工作人员依法执行职务的； 　　（三）阻碍执行紧急任务的消防车、救护车、工程抢险车、警车或者执行上述紧急任务的专用船舶通行的； 　　（四）强行冲闯公安机关设置的警戒带、警戒区或者检查点的。 　　阻碍人民警察依法执行职务的，从重处罚。
第五十一条　冒充国家机关工作人员或者以其他虚假身份招摇撞骗的，处五日以上十日以下拘留，可以并处五百元以下罚款；情节较轻的，处五日以下拘留或者五百元以下罚款。 　　冒充军警人员招摇撞骗的，从重处罚。	第六十二条　冒充国家机关工作人员招摇撞骗的，处十日以上十五日以下拘留，可以并处一千元以下罚款；情节较轻的，处五日以上十日以下拘留。 　　冒充军警人员招摇撞骗的，从重处罚。 　　盗用、冒用个人、组织的身份、名义或者以其他虚假身份招摇撞骗的，处五日以下拘留或者一千元以下罚款；情节较重的，处五日以上十日以下拘留，可以并处一千元以下罚款。

修订前	修订后
第五十二条 有下列行为之一的，处十日以上十五日以下拘留，可以并处**一**千元以下罚款；情节较轻的，处五日以上十日以下拘留，可以并处**五百**元以下罚款： （一）伪造、变造或者买卖国家机关、人民团体、企业、事业单位或者其他组织的公文、证件、证明文件、印章的； （二）买卖或者使用伪造、变造的国家机关、人民团体、企业、事业单位或者其他组织的公文、证件、证明文件的； （三）伪造、变造、倒卖车票、船票、航空客票、文艺演出票、体育比赛入场券或者其他有价票证、凭证的； （四）伪造、变造船舶户牌，买卖或者使用伪造、变造的船舶户牌，或者涂改船舶发动机号码的。	第六十三条 有下列行为之一的，处十日以上十五日以下拘留，可以并处**五千**元以下罚款；情节较轻的，处五日以上十日以下拘留，可以并处**三千**元以下罚款： （一）伪造、变造或者买卖国家机关、人民团体、企业、事业单位或者其他组织的公文、证件、证明文件、印章的； （二）**出租、出借国家机关、人民团体、企业、事业单位或者其他组织的公文、证件、证明文件、印章供他人非法使用的**； （三）买卖或者使用伪造、变造的国家机关、人民团体、企业、事业单位或者其他组织的公文、证件、证明文件、印章的； （四）伪造、变造**或者**倒卖车票、船票、航空客票、文艺演出票、体育比赛入场券或者其他有价票证、凭证的； （五）伪造、变造船舶户牌，买卖或者使用伪造、变造的船舶户牌，或者涂改船舶发动机号码的。
第五十三条 船舶擅自进入、停靠国家禁止、限制进入的水域或者岛屿的，对船舶负责人及有关责任人员处**五百**元以上**一千**元以下罚款；情节严重的，处五日以下拘留，并处**五百**元以上**一千**元以下罚款。	第六十四条 船舶擅自进入、停靠国家禁止、限制进入的水域或者岛屿的，对船舶负责人及有关责任人员处**一千**元以上**二千**元以下罚款；情节严重的，处五日以下拘留，**可以**并处**二千**元以下罚款。

修订前	修订后
第五十四条 有下列行为之一的，处十日以上十五日以下拘留，并处五百元以上一千元以下罚款；情节较轻的，处五日以下拘留或者五百元以下罚款： （一）违反国家规定，未经注册登记，以社会团体名义进行活动，被取缔后，仍进行活动的； （二）被依法撤销登记的社会团体，仍以社会团体名义进行活动的； （三）未经许可，擅自经营按照国家规定需要由公安机关许可的行业的。 有前款第三项行为的，予以取缔。 取得公安机关许可的经营者，违反国家有关管理规定，情节严重的，公安机关可以吊销许可证。	**第六十五条** 有下列行为之一的，处十日以上十五日以下拘留，**可以**并处五千元以下罚款；情节较轻的，处五日以上十日以下拘留或者一千元以上三千元以下罚款： （一）违反国家规定，未经注册登记，以社会团体、**基金会、社会服务机构等社会组织**名义进行活动，被取缔后，仍进行活动的； （二）被依法撤销登记**或者吊销登记证书**的社会团体、**基金会、社会服务机构等社会组织**，仍以原**社会组织**名义进行活动的； （三）未经许可，擅自经营按照国家规定需要由公安机关许可的行业的。 有前款第三项行为的，予以取缔。**被取缔一年以内又实施的，处十日以上十五日以下拘留，并处三千元以上五千元以下罚款。** 取得公安机关许可的经营者，违反国家有关管理规定，情节严重的，公安机关可以吊销许可证**件**。
第五十五条 煽动、策划非法集会、游行、示威，不听劝阻的，处十日以上十五日以下拘留。	**第六十六条** 煽动、策划非法集会、游行、示威，不听劝阻的，处十日以上十五日以下拘留。
第五十六条 旅馆业**的工作人员对住宿的旅客**不按规定登记姓名、身份证件种类和号码的，**或者**明知住宿的**旅客**将危险物质带入**旅馆**，不予制止的，处二百元以上五百元以	**第六十七条** **从事**旅馆业**经营活动**不按规定登记**住宿人员**姓名、**有效**身份证件种类和号码**等信息**的，或者**为身份不明、拒绝登记身份信息的人提供住宿服务的**，对其直接负

修订前	修订后
下罚款。 　　旅馆业的工作人员明知住宿的旅客是犯罪嫌疑人员或者被公安机关通缉的人员，不向公安机关报告的，处二百元以上五百元以下罚款；情节严重的，处五日以下拘留，可以并处五百元以下罚款。	责的主管人员和其他直接责任人员处五百元以上一千元以下罚款；情节较轻的，处警告或者五百元以下罚款。 　　实施前款行为，妨害反恐怖主义工作进行，违反《中华人民共和国反恐怖主义法》规定的，依照其规定处罚。 　　从事旅馆业经营活动有下列行为之一的，对其直接负责的主管人员和其他直接责任人员处一千元以上三千元以下罚款；情节严重的，处五日以下拘留，可以并处三千元以上五千元以下罚款： 　　（一）明知住宿人员违反规定将危险物质带入住宿区域，不予制止的； 　　（二）明知住宿人员是犯罪嫌疑人员或者被公安机关通缉的人员，不向公安机关报告的； 　　（三）明知住宿人员利用旅馆实施犯罪活动，不向公安机关报告的。
第五十七条　房屋出租人将房屋出租给无身份证件的人居住的，或者不按规定登记承租人姓名、身份证件种类和号码的，处二百元以上五百元以下罚款。 　　房屋出租人明知承租人利用出租房屋进行犯罪活动，不向公安机关报告的，处二百元以上五百元以下罚款；情节严重的，处五日以下拘留，可以并处五百元以下罚款。	第六十八条　房屋出租人将房屋出租给身份不明、拒绝登记身份信息的人的，或者不按规定登记承租人姓名、有效身份证件种类和号码等信息的，处五百元以上一千元以下罚款；情节较轻的，处警告或者五百元以下罚款。 　　房屋出租人明知承租人利用出租房屋实施犯罪活动，不向公安机关报告的，处一千元以上三千元以下

修订前	修订后
	罚款；情节严重的，处五日以下拘留，可以并处三千元以上五千元以下罚款。
	第六十九条　娱乐场所和公章刻制、机动车修理、报废机动车回收行业经营者违反法律法规关于要求登记信息的规定，不登记信息的，处警告；拒不改正或者造成后果的，对其直接负责的主管人员和其他直接责任人员处五日以下拘留或者三千元以下罚款。
	第七十条　非法安装、使用、提供窃听、窃照专用器材的，处五日以下拘留或者一千元以上三千元以下罚款；情节较重的，处五日以上十日以下拘留，并处三千元以上五千元以下罚款。
第五十九条　有下列行为之一的，处**五百**元以上**一**千元以下罚款；情节严重的，处五日以上十日以下拘留，并处**五百**元以上**一**千元以下罚款： （一）典当业工作人员承接典当的物品，不查验有关证明、不履行登记手续，或者明知是违法犯罪嫌疑人、赃物**，**不向公安机关报告的； （二）违反国家规定，收购铁路、油田、供电、电信、矿山、水利、测量和城市公用设施等废旧专用器材的；	第七十一条　有下列行为之一的，处一千元以上三千元以下罚款；情节严重的，处五日以上十日以下拘留，并处一千元以上三千元以下罚款： （一）典当业工作人员承接典当的物品，不查验有关证明、不履行登记手续**的**，或者**违反国家规定对**明知是违法犯罪嫌疑人、赃物**而**不向公安机关报告的； （二）违反国家规定，收购铁路、油田、供电、电信、矿山、水利、测量和城市公用设施等废旧专用器材的；

修订前	修订后
（三）收购公安机关通报寻查的赃物或者有赃物嫌疑的物品的； （四）收购国家禁止收购的其他物品的。	（三）收购公安机关通报寻查的赃物或者有赃物嫌疑的物品的； （四）收购国家禁止收购的其他物品的。
第六十条　有下列行为之一的，处五日以上十日以下拘留，并处二百元以上五百元以下罚款： （一）隐藏、转移、变卖或者损毁行政执法机关依法扣押、查封、冻结的财物的； （二）伪造、隐匿、毁灭证据或者提供虚假证言、谎报案情，影响行政执法机关依法办案的； （三）明知是赃物而窝藏、转移或者代为销售的； （四）被依法执行管制、剥夺政治权利或者在缓刑、暂予监外执行中的罪犯或者被依法采取刑事强制措施的人，有违反法律、行政法规或者国务院有关部门的监督管理规定的行为。	第七十二条　有下列行为之一的，处五日以上十日以下拘留，**可以并处一千元以下罚款**；**情节较轻的，处警告或者一千元以下罚款**： （一）隐藏、转移、变卖、**擅自使用**或者损毁行政执法机关依法扣押、查封、冻结、**扣留、先行登记保存**的财物的； （二）伪造、隐匿、毁灭证据或者提供虚假证言、谎报案情，影响行政执法机关依法办案的； （三）明知是赃物而窝藏、转移或者代为销售的； （四）被依法执行管制、剥夺政治权利或者在缓刑、暂予监外执行中的罪犯或者被依法采取刑事强制措施的人，有违反法律、行政法规或者国务院有关部门的监督管理规定的行为的。
	第七十三条　有下列行为之一的，处警告或者一千元以下罚款；情节较重的，处五日以上十日以下拘留，可以并处一千元以下罚款： （一）违反人民法院刑事判决中的禁止令或者职业禁止决定的； （二）拒不执行公安机关依照《中华人民共和国反家庭暴力法》、

修订前	修订后
	《中华人民共和国妇女权益保障法》出具的禁止家庭暴力告诫书、禁止性骚扰告诫书的； （三）违反监察机关在监察工作中、司法机关在刑事诉讼中依法采取的禁止接触证人、鉴定人、被害人及其近亲属保护措施的。
	第七十四条 依法被关押的违法行为人脱逃的，处十日以上十五日以下拘留；情节较轻的，处五日以上十日以下拘留。
第六十一条 协助组织或者运送他人偷越国（边）境的，处十日以上十五日以下拘留，并处一千元以上五千元以下罚款。	
第六十二条 为偷越国（边）境人员提供条件的，处五日以上十日以下拘留，并处五百元以上二千元以下罚款。 偷越国（边）境的，处五日以下拘留或者五百元以下罚款。	
第六十三条 有下列行为之一的，处警告或者二百元以下罚款；情节较重的，处五日以上十日以下拘留，并处二百元以上五百元以下罚款： （一）刻划、涂污或者以其他方式故意损坏国家保护的文物、名胜古迹的； （二）违反国家规定，在文物保	第七十五条 有下列行为之一的，处警告或者五百元以下罚款；情节较重的，处五日以上十日以下拘留，并处五百元以上一千元以下罚款： （一）刻划、涂污或者以其他方式故意损坏国家保护的文物、名胜古迹的； （二）违反国家规定，在文物保

修订前	修订后
护单位附近进行爆破、挖掘等活动，危及文物安全的。	护单位附近进行爆破、**钻探**、挖掘等活动，危及文物安全的。
第六十四条　有下列行为之一的，处**五百**元以上**一千**元以下罚款；情节严重的，处十日以上十五日以下拘留，并处**五百元以上一千元以下罚款**： （一）偷开他人机动车的； （二）未取得驾驶证驾驶或者偷开他人航空器、机动船舶的。	第七十六条　有下列行为之一的，处**一千**元以上**二千**元以下罚款；情节严重的，处十日以上十五日以下拘留，**可以**并处**二千元以下罚款**： （一）偷开他人机动车的； （二）未取得驾驶证驾驶或者偷开他人航空器、机动船舶的。
第六十五条　有下列行为之一的，处五日以上十日以下拘留；情节严重的，处十日以上十五日以下拘留，可以并处**一千**元以下罚款： （一）故意破坏、污损他人坟墓或者毁坏、丢弃他人尸骨、骨灰的； （二）在公共场所停放尸体或者因停放尸体影响他人正常生活、工作秩序，不听劝阻的。	第七十七条　有下列行为之一的，处五日以上十日以下拘留；情节严重的，处十日以上十五日以下拘留，可以并处**二千**元以下罚款： （一）故意破坏、污损他人坟墓或者毁坏、丢弃他人尸骨、骨灰的； （二）在公共场所停放尸体或者因停放尸体影响他人正常生活、工作秩序，不听劝阻的。
第六十六条　卖淫、嫖娼的，处十日以上十五日以下拘留，可以并处五千元以下罚款；情节较轻的，处五日以下拘留或者**五百**元以下罚款。 在公共场所拉客招嫖的，处五日以下拘留或者**五百**元以下罚款。	第七十八条　卖淫、嫖娼的，处十日以上十五日以下拘留，可以并处五千元以下罚款；情节较轻的，处五日以下拘留或者**一千**元以下罚款。 在公共场所拉客招嫖的，处五日以下拘留或者**一千**元以下罚款。
第六十七条　引诱、容留、介绍他人卖淫的，处十日以上十五日以下拘留，可以并处五千元以下罚款；情节较轻的，处五日以下拘留或者**五百**元以下罚款。	第七十九条　引诱、容留、介绍他人卖淫的，处十日以上十五日以下拘留，可以并处五千元以下罚款；情节较轻的，处五日以下拘留或者**一千元以上二千**元以下罚款。

修订前	修订后
第六十八条 制作、运输、复制、出售、出租淫秽的书刊、图片、影片、音像制品等淫秽物品或者利用计算机信息网络、电话以及其他通讯工具传播淫秽信息的，处十日以上十五日以下拘留，可以并处三千元以下罚款；情节较轻的，处五日以下拘留或者五百元以下罚款。	第八十条 制作、运输、复制、出售、出租淫秽的书刊、图片、影片、音像制品等淫秽物品或者利用信息网络、电话以及其他通讯工具传播淫秽信息的，处十日以上十五日以下拘留，可以并处五千元以下罚款；情节较轻的，处五日以下拘留或者一千元以上三千元以下罚款。 前款规定的淫秽物品或者淫秽信息中涉及未成年人的，从重处罚。
第六十九条 有下列行为之一的，处十日以上十五日以下拘留，并处五百元以上一千元以下罚款： （一）组织播放淫秽音像的； （二）组织或者进行淫秽表演的； （三）参与聚众淫乱活动的。 明知他人从事前款活动，为其提供条件的，依照前款的规定处罚。	第八十一条 有下列行为之一的，处十日以上十五日以下拘留，并处一千元以上二千元以下罚款： （一）组织播放淫秽音像的； （二）组织或者进行淫秽表演的； （三）参与聚众淫乱活动的。 明知他人从事前款活动，为其提供条件的，依照前款的规定处罚。 组织未成年人从事第一款活动的，从重处罚。
第七十条 以营利为目的，为赌博提供条件的，或者参与赌博赌资较大的，处五日以下拘留或者五百元以下罚款；情节严重的，处十日以上十五日以下拘留，并处五百元以上三千元以下罚款。	第八十二条 以营利为目的，为赌博提供条件的，或者参与赌博赌资较大的，处五日以下拘留或者一千元以下罚款；情节严重的，处十日以上十五日以下拘留，并处一千元以上五千元以下罚款。
第七十一条 有下列行为之一的，处十日以上十五日以下拘留，可以并处三千元以下罚款；情节较轻的，处五日以下拘留或者五百元以下罚款：	第八十三条 有下列行为之一的，处十日以上十五日以下拘留，可以并处五千元以下罚款；情节较轻的，处五日以下拘留或者一千元以下罚款：

修订前	修订后
（一）非法种植罂粟不满五百株或者其他少量毒品原植物的； （二）非法买卖、运输、携带、持有少量未经灭活的罂粟等毒品原植物种子或者幼苗的； （三）非法运输、买卖、储存、使用少量罂粟壳的。 有前款第一项行为，在成熟前自行铲除的，不予处罚。	（一）非法种植罂粟不满五百株或者其他少量毒品原植物的； （二）非法买卖、运输、携带、持有少量未经灭活的罂粟等毒品原植物种子或者幼苗的； （三）非法运输、买卖、储存、使用少量罂粟壳的。 有前款第一项行为，在成熟前自行铲除的，不予处罚。
第七十二条　有下列行为之一的，处十日以上十五日以下拘留，可以并处二千元以下罚款；情节较轻的，处五日以下拘留或者五百元以下罚款： （一）非法持有鸦片不满二百克、海洛因或者甲基苯丙胺不满十克或者其他少量毒品的； （二）向他人提供毒品的； （三）吸食、注射毒品的； （四）胁迫、欺骗医务人员开具麻醉药品、精神药品的。	第八十四条　有下列行为之一的，处十日以上十五日以下拘留，可以并处三千元以下罚款；情节较轻的，处五日以下拘留或者一千元以下罚款： （一）非法持有鸦片不满二百克、海洛因或者甲基苯丙胺不满十克或者其他少量毒品的； （二）向他人提供毒品的； （三）吸食、注射毒品的； （四）胁迫、欺骗医务人员开具麻醉药品、精神药品的。 聚众、组织吸食、注射毒品的，对首要分子、组织者依照前款的规定从重处罚。 吸食、注射毒品的，可以同时责令其六个月至一年以内不得进入娱乐场所、不得擅自接触涉及毒品违法犯罪人员。违反规定的，处五日以下拘留或者一千元以下罚款。
第七十三条　教唆、引诱、欺骗他人吸食、注射毒品的，处十日以	第八十五条　引诱、教唆、欺骗或者强迫他人吸食、注射毒品的，

修订前	修订后
上十五日以下拘留，并处五百元以上二千元以下罚款。	处十日以上十五日以下拘留，并处一千元以上五千元以下罚款。 　　容留他人吸食、注射毒品或者介绍买卖毒品的，处十日以上十五日以下拘留，可以并处三千元以下罚款；情节较轻的，处五日以下拘留或者一千元以下罚款。
	第八十六条　违反国家规定，非法生产、经营、购买、运输用于制造毒品的原料、配剂的，处十日以上十五日以下拘留；情节较轻的，处五日以上十日以下拘留。
第七十四条　旅馆业、饮食服务业、文化娱乐业、出租汽车业等单位的人员，在公安机关查处吸毒、赌博、卖淫、嫖娼活动时，为违法犯罪行为人通风报信的，处十日以上十五日以下拘留。	**第八十七条**　旅馆业、饮食服务业、文化娱乐业、出租汽车业等单位的人员，在公安机关查处吸毒、赌博、卖淫、嫖娼活动时，为违法犯罪行为人通风报信的，**或者以其他方式为上述活动提供条件的**，处十日以上十五日以下拘留；情节较轻的，处五日以下拘留或者一千元以上二千元以下罚款。
第五十八条　违反关于社会生活噪声污染防治的法律规定，制造噪声干扰他人正常生活的，处警告；警告后不改正的，处二百元以上五百元以下罚款。	**第八十八条**　违反关于社会生活噪声污染防治的法律**法规**规定，**产生社会生活噪声，经基层群众性自治组织、业主委员会、物业服务人、有关部门依法劝阻、调解和处理未能制止，继续**干扰他人正常生活、工作和学习的，处五日以下拘留或者一千元以下罚款；情节严重的，处五日以上十日以下拘留，可以并处一千元以下罚款。

修订前	修订后
第七十五条　饲养动物，干扰他人正常生活的，处警告；警告后不改正的，或者放任动物恐吓他人的，处二百元以上五百元以下罚款。 　　驱使动物伤害他人的，依照本法第四十三条第一款的规定处罚。	第八十九条　饲养动物，干扰他人正常生活的，处警告；警告后不改正的，或者放任动物恐吓他人的，处一千元以下罚款。 　　违反有关法律、法规、规章规定，出售、饲养烈性犬等危险动物的，处警告；警告后不改正的，或者致使动物伤害他人的，处五日以下拘留或者一千元以下罚款；情节较重的，处五日以上十日以下拘留。 　　未对动物采取安全措施，致使动物伤害他人的，处一千元以下罚款；情节较重的，处五日以上十日以下拘留。 　　驱使动物伤害他人的，依照本法第五十一条的规定处罚。
第七十六条　有本法第六十七条、第六十八条、第七十条的行为，屡教不改的，可以按照国家规定采取强制性教育措施。	
第四章　处罚程序	第四章　处罚程序
第一节　调　查	第一节　调　查
第七十七条　公安机关对报案、控告、举报或者违反治安管理行为人主动投案，以及其他行政主管部门、司法机关移送的违反治安管理案件，应当及时受理，并进行登记。	第九十条　公安机关对报案、控告、举报或者违反治安管理行为人主动投案，以及其他国家机关移送的违反治安管理案件，应当立即立案并进行调查；认为不属于违反治安管理行为的，应当告知报案人、控告人、举报人、投案人，并说明理由。
第七十八条　公安机关受理报案、控告、举报、投案后，认为属于违反治安管理行为的，应当立即进行调查；认为不属于违反治安管理	

修订前	修订后
行为的，应当告知报案人、控告人、举报人、投案人，并说明理由。	
第七十九条　公安机关及其人民警察对治安案件的调查，应当依法进行。严禁刑讯逼供或者采用威胁、引诱、欺骗等非法手段收集证据。 　　以非法手段收集的证据不得作为处罚的根据。	第九十一条　公安机关及其人民警察对治安案件的调查，应当依法进行。严禁刑讯逼供或者采用威胁、引诱、欺骗等非法手段收集证据。 　　以非法手段收集的证据不得作为处罚的根据。
	第九十二条　公安机关办理治安案件，有权向有关单位和个人收集、调取证据。有关单位和个人应当如实提供证据。 　　公安机关向有关单位和个人收集、调取证据时，应当告知其必须如实提供证据，以及伪造、隐匿、毁灭证据或者提供虚假证言应当承担的法律责任。
	第九十三条　在办理刑事案件过程中以及其他执法办案机关在移送案件前依法收集的物证、书证、视听资料、电子数据等证据材料，可以作为治安案件的证据使用。
第八十条　公安机关及其人民警察在办理治安案件时，对涉及的国家秘密、商业秘密或者个人隐私，应当予以保密。	第九十四条　公安机关及其人民警察在办理治安案件时，对涉及的国家秘密、商业秘密、个人隐私或者个人信息，应当予以保密。
第八十一条　人民警察在办理治安案件过程中，遇有下列情形之一的，应当回避；违反治安管理行为	第九十五条　人民警察在办理治安案件过程中，遇有下列情形之一的，应当回避；违反治安管理行为

修订前	修订后
人、被侵害人或者其法定代理人也有权要求他们回避： （一）是本案当事人或者当事人的近亲属的； （二）本人或者其近亲属与本案有利害关系的； （三）与本案当事人有其他关系，可能影响案件公正处理的。 人民警察的回避，由其所属的公安机关决定；公安机关负责人的回避，由上一级公安机关决定。	人、被侵害人或者其法定代理人也有权要求他们回避： （一）是本案当事人或者当事人的近亲属的； （二）本人或者其近亲属与本案有利害关系的； （三）与本案当事人有其他关系，可能影响案件公正处理的。 人民警察的回避，由其所属的公安机关决定；公安机关负责人的回避，由上一级公安机关决定。
第八十二条 需要传唤违反治安管理行为人接受调查的，经公安机关办案部门负责人批准，使用传唤证传唤。对现场发现的违反治安管理行为人，人民警察经出示**工作证件**，可以口头传唤，但应当在询问笔录中注明。 公安机关应当将传唤的原因和依据告知被传唤人。对无正当理由不接受传唤或者逃避传唤的人，可以强制传唤。	第九十六条 需要传唤违反治安管理行为人接受调查的，经公安机关办案部门负责人批准，使用传唤证传唤。对现场发现的违反治安管理行为人，人民警察经出示**人民警察证**，可以口头传唤，但应当在询问笔录中注明。 公安机关应当将传唤的原因和依据告知被传唤人。对无正当理由不接受传唤或者逃避传唤的人，**经公安机关办案部门负责人批准**，可以强制传唤。
第八十三条 对违反治安管理行为人，公安机关传唤后应当及时询问查证，询问查证的时间不得超过八小时；情况复杂，依照本法规定可能适用行政拘留处罚的，询问查证的时间不得超过二十四小时。 公安机关应当及时将传唤的原因和处所通知被传唤人家属。	第九十七条 对违反治安管理行为人，公安机关传唤后应当及时询问查证，询问查证的时间不得超过八小时；**涉案人数众多、违反治安管理行为人身份不明的，询问查证的时间不得超过十二小时**；情况复杂，依照本法规定可能适用行政拘留处罚的，询问查证的时间不得超

修订前	修订后
	过二十四小时。**在执法办案场所询问违反治安管理行为人，应当全程同步录音录像。** 公安机关应当及时将传唤的原因和处所通知被传唤人家属。 **询问查证期间，公安机关应当保证违反治安管理行为人的饮食、必要的休息时间等正当需求。**
第八十四条　询问笔录应当交被询问人核对；对没有阅读能力的，应当向其宣读。记载有遗漏或者差错的，被询问人可以提出补充或者更正。被询问人确认笔录无误后，应当签名或者盖章，询问的人民警察也应当在笔录上签名。 被询问人要求就被询问事项自行提供书面材料的，应当准许；必要时，人民警察也可以要求被询问人自行书写。 询问不满十六周岁的违反治安管理行为人，应当通知其父母或者其他监护人到场。	第九十八条　询问笔录应当交被询问人核对；对没有阅读能力的，应当向其宣读。记载有遗漏或者差错的，被询问人可以提出补充或者更正。被询问人确认笔录无误后，应当签名、盖章**或者按指印**，询问的人民警察也应当在笔录上签名。 被询问人要求就被询问事项自行提供书面材料的，应当准许；必要时，人民警察也可以要求被询问人自行书写。 询问不满十八周岁的违反治安管理行为人，应当通知其父母或者其他监护人到场；**其父母或者其他监护人不能到场的，也可以通知其他成年亲属，所在学校、单位、居住地基层组织或者未成年人保护组织的代表等合适成年人到场，并将有关情况记录在案。确实无法通知或者通知后未到场的，应当在笔录中注明。**
第八十五条　人民警察询问被侵害人或者其他证人，可以到其所在	第九十九条　人民警察询问被侵害人或者其他证人，**可以在现场进**

修订前	修订后
单位**或者**住处进行；必要时，也可以通知其到公安机关提供证言。 　　人民警察在公安机关以外询问被侵害人或者其他证人，应当出示**工作证件**。 　　询问被侵害人或者其他证人，同时适用本法第**八十四**条的规定。	行，**也**可以到其所在单位、住处**或者其提出的地点**进行；必要时，也可以通知其到公安机关提供证言。 　　人民警察在公安机关以外询问被侵害人或者其他证人，应当出示**人民警察证**。 　　询问被侵害人或者其他证人，同时适用本法第**九十八**条的规定。
	第一百条　违反治安管理行为人、被侵害人或者其他证人在异地的，公安机关可以委托异地公安机关代为询问，也可以通过公安机关的视频系统远程询问。 　　通过远程视频方式询问的，应当向被询问人宣读询问笔录，被询问人确认笔录无误后，询问的人民警察应当在笔录上注明。询问和宣读过程应当全程同步录音录像。
第八十六条　询问聋哑的违反治安管理行为人、被侵害人或者其他证人，应当有通晓手语的人提供帮助，并在笔录上注明。 　　询问不通晓当地通用的语言文字的违反治安管理行为人、被侵害人或者其他证人，应当配备翻译人员，并在笔录上注明。	第一百零一条　询问聋哑的违反治安管理行为人、被侵害人或者其他证人，应当有通晓手语**等交流方式**的人提供帮助，并在笔录上注明。 　　询问不通晓当地通用的语言文字的违反治安管理行为人、被侵害人或者其他证人，应当配备翻译人员，并在笔录上注明。
	第一百零二条　为了查明案件事实，确定违反治安管理行为人、被侵害人的某些特征、伤害情况或者生理状态，需要对其人身进行检查，

修订前	修订后
	提取或者采集肖像、指纹信息和血液、尿液等生物样本的，经公安机关办案部门负责人批准后进行。对已经提取、采集的信息或者样本，不得重复提取、采集。提取或者采集被侵害人的信息或者样本，应当征得被侵害人或者其监护人同意。
第八十七条　公安机关对与违反治安管理行为有关的场所、物品、人身可以进行检查。检查时，人民警察不得少于二人，并应当出示工作证件和县级以上人民政府公安机关开具的检查证明文件。对确有必要立即进行检查的，人民警察经出示工作证件，可以当场检查，但检查公民住所应当出示县级以上人民政府公安机关开具的检查证明文件。 检查妇女的身体，应当由女性工作人员进行。	第一百零三条　公安机关对与违反治安管理行为有关的场所或者违反治安管理行为人的人身、物品可以进行检查。检查时，人民警察不得少于二人，并应当出示人民警察证。 对场所进行检查的，经县级以上人民政府公安机关负责人批准，使用检查证检查；对确有必要立即进行检查的，人民警察经出示人民警察证，可以当场检查，并应当全程同步录音录像。检查公民住所应当出示县级以上人民政府公安机关开具的检查证。 检查妇女的身体，应当由女性工作人员或者医师进行。
第八十八条　检查的情况应当制作检查笔录，由检查人、被检查人和见证人签名或者盖章；被检查人拒绝签名的，人民警察应当在笔录上注明。	第一百零四条　检查的情况应当制作检查笔录，由检查人、被检查人和见证人签名、盖章或者按指印；被检查人不在场或者被检查人、见证人拒绝签名的，人民警察应当在笔录上注明。
第八十九条　公安机关办理治安案件，对与案件有关的需要作为证	第一百零五条　公安机关办理治安案件，对与案件有关的需要作为

修订前	修订后
据的物品，可以扣押；对被侵害人或者善意第三人合法占有的财产，不得扣押，应当予以登记。对与案件无关的物品，不得扣押。 对扣押的物品，应当会同在场见证人和被扣押物品持有人查点清楚，当场开列清单一式二份，由调查人员、见证人和持有人签名或者盖章，一份交给持有人，另一份附卷备查。 对扣押的物品，应当妥善保管，不得挪作他用；对不宜长期保存的物品，按照有关规定处理。经查明与案件无关的，应当及时退还；经核实属于他人合法财产的，应当登记后立即退还；满六个月无人对该财产主张权利或者无法查清权利人的，应当公开拍卖或者按照国家有关规定处理，所得款项上缴国库。	证据的物品，可以扣押；对被侵害人或者善意第三人合法占有的财产，不得扣押，应当予以登记，**但是对其中与案件有关的必须鉴定的物品，可以扣押，鉴定后应当立即解除**。对与案件无关的物品，不得扣押。 对扣押的物品，应当会同在场见证人和被扣押物品持有人查点清楚，当场开列清单一式二份，由调查人员、见证人和持有人签名或者盖章，一份交给持有人，另一份附卷备查。 **实施扣押前应当报经公安机关负责人批准；因情况紧急或者物品价值不大，当场实施扣押的，人民警察应当及时向其所属公安机关负责人报告，并补办批准手续。公安机关负责人认为不应当扣押的，应当立即解除。当场实施扣押的，应当全程同步录音录像。** 对扣押的物品，应当妥善保管，不得挪作他用；对不宜长期保存的物品，按照有关规定处理。经查明与案件无关**或者**经核实属于**被侵害人或者**他人合法财产的，应当登记后立即退还；满六个月无人对该财产主张权利或者无法查清权利人的，应当公开拍卖或者按照国家有关规定处理，所得款项上缴国库。
第九十条 为了查明案情，需要解决案件中有争议的专门性问题的，应当指派或者聘请具有专门知识	第一百零六条 为了查明案情，需要解决案件中有争议的专门性问题的，应当指派或者聘请具有专门知

修订前	修订后
的人员进行鉴定；鉴定人鉴定后，应当写出鉴定意见，并且签名。	识的人员进行鉴定；鉴定人鉴定后，应当写出鉴定意见，并且签名。
	第一百零七条　为了查明案情，人民警察可以让违反治安管理行为人、被侵害人和其他证人对与违反治安管理行为有关的场所、物品进行辨认，也可以让被侵害人、其他证人对违反治安管理行为人进行辨认，或者让违反治安管理行为人对其他违反治安管理行为人进行辨认。 　　辨认应当制作辨认笔录，由人民警察和辨认人签名、盖章或者按指印。
	第一百零八条　公安机关进行询问、辨认、勘验，实施行政强制措施等调查取证工作时，人民警察不得少于二人。 　　公安机关在规范设置、严格管理的执法办案场所进行询问、扣押、辨认的，或者进行调解的，可以由一名人民警察进行。 　　依照前款规定由一名人民警察进行询问、扣押、辨认、调解的，应当全程同步录音录像。未按规定全程同步录音录像或者录音录像资料损毁、丢失的，相关证据不能作为处罚的根据。
第二节　决　定	第二节　决　定
第九十一条　治安管理处罚由县级以上人民政府公安机关决定；其	第一百零九条　治安管理处罚由县级以上**地方**人民政府公安机关决

修订前	修订后
中警告、**五百**元以下的罚款可以由公安派出所决定。	定；其中警告、**一千**元以下的罚款，可以由公安派出所决定。
第九十二条　对决定给予行政拘留处罚的人，在处罚前已经采取强制措施限制人身自由的时间，应当折抵。限制人身自由一日，折抵行政拘留一日。	**第一百一十条**　对决定给予行政拘留处罚的人，在处罚前已经采取强制措施限制人身自由的时间，应当折抵。限制人身自由一日，折抵行政拘留一日。
第九十三条　公安机关查处治安案件，对没有本人陈述，但其他证据能够证明案件事实的，可以作出治安管理处罚决定。但是，只有本人陈述，没有其他证据证明的，不能作出治安管理处罚决定。	**第一百一十一条**　公安机关查处治安案件，对没有本人陈述，但其他证据能够证明案件事实的，可以作出治安管理处罚决定。但是，只有本人陈述，没有其他证据证明的，不能作出治安管理处罚决定。
第九十四条　公安机关作出治安管理处罚决定前，应当告知违反治安管理行为人作出治安管理处罚的事实、理由**及**依据，并告知违反治安管理行为人依法享有的权利。 　　违反治安管理行为人有权陈述和申辩。公安机关必须充分听取违反治安管理行为人的意见，对违反治安管理行为人提出的事实、理由和证据，应当进行复核；违反治安管理行为人提出的事实、理由或者证据成立的，公安机关应当采纳。 　　公安机关不得因违反治安管理行为人的陈述、申辩而加重处罚。	**第一百一十二条**　公安机关作出治安管理处罚决定前，应当告知违反治安管理行为人**拟**作出治安管理处罚的**内容及**事实、理由、依据，并告知违反治安管理行为人依法享有的权利。 　　违反治安管理行为人有权陈述和申辩。公安机关必须充分听取违反治安管理行为人的意见，对违反治安管理行为人提出的事实、理由和证据，应当进行复核；违反治安管理行为人提出的事实、理由或者证据成立的，公安机关应当采纳。 　　**违反治安管理行为人不满十八周岁的，还应当依照前两款的规定告知未成年人的父母或者其他监护人，充分听取其意见。** 　　公安机关不得因违反治安管理行为人的陈述、申辩而加重**其**处罚。

修订前	修订后
第九十五条 治安案件调查结束后，公安机关应当根据不同情况，分别作出以下处理： （一）确有依法应当给予治安管理处罚的违法行为的，根据情节轻重及具体情况，作出处罚决定； （二）依法不予处罚的，或者违法事实不能成立的，作出不予处罚决定； （三）违法行为已涉嫌犯罪的，移送主管机关依法追究刑事责任； （四）发现违反治安管理行为人有其他违法行为的，在对违反治安管理行为作出处罚决定的同时，通知有关行政主管部门处理。	**第一百一十三条** 治安案件调查结束后，公安机关应当根据不同情况，分别作出以下处理： （一）确有依法应当给予治安管理处罚的违法行为的，根据情节轻重及具体情况，作出处罚决定； （二）依法不予处罚的，或者违法事实不能成立的，作出不予处罚决定； （三）违法行为已涉嫌犯罪的，移送有关主管机关依法追究刑事责任； （四）发现违反治安管理行为人有其他违法行为的，在对违反治安管理行为作出处罚决定的同时，通知或者移送有关主管机关处理。 对情节复杂或者重大违法行为给予治安管理处罚，公安机关负责人应当集体讨论决定。
	第一百一十四条 有下列情形之一的，在公安机关作出治安管理处罚决定之前，应当由从事治安管理处罚决定法制审核的人员进行法制审核；未经法制审核或者审核未通过的，不得作出决定： （一）涉及重大公共利益的； （二）直接关系当事人或者第三人重大权益，经过听证程序的； （三）案件情况疑难复杂、涉及多个法律关系的。 公安机关中初次从事治安管理处

修订前	修订后
	罚决定法制审核的人员，应当通过国家统一法律职业资格考试取得法律职业资格。
第九十六条　公安机关作出治安管理处罚决定的，应当制作治安管理处罚决定书。决定书应当载明下列内容： （一）被处罚人的姓名、性别、年龄、身份证件的名称和号码、住址； （二）违法事实和证据； （三）处罚的种类和依据； （四）处罚的执行方式和期限； （五）对处罚决定不服，申请行政复议、提起行政诉讼的途径和期限； （六）作出处罚决定的公安机关的名称和作出决定的日期。 决定书应当由作出处罚决定的公安机关加盖印章。	第一百一十五条　公安机关作出治安管理处罚决定的，应当制作治安管理处罚决定书。决定书应当载明下列内容： （一）被处罚人的姓名、性别、年龄、身份证件的名称和号码、住址； （二）违法事实和证据； （三）处罚的种类和依据； （四）处罚的执行方式和期限； （五）对处罚决定不服，申请行政复议、提起行政诉讼的途径和期限； （六）作出处罚决定的公安机关的名称和作出决定的日期。 决定书应当由作出处罚决定的公安机关加盖印章。
第九十七条　公安机关应当向被处罚人宣告治安管理处罚决定书，并当场交付被处罚人；无法当场向被处罚人宣告的，应当在二日内送达被处罚人。决定给予行政拘留处罚的，应当及时通知被处罚人的家属。 有被侵害人的，公安机关应当将决定书**副本抄**送被侵害人。	第一百一十六条　公安机关应当向被处罚人宣告治安管理处罚决定书，并当场交付被处罚人；无法当场向被处罚人宣告的，应当在二日**以内**送达被处罚人。决定给予行政拘留处罚的，应当及时通知被处罚人的家属。 有被侵害人的，公安机关应当将决定书**送达**被侵害人。
第九十八条　公安机关作出吊销许可证**以及**处二千元以上罚款的治	第一百一十七条　公安机关作出吊销许可证**件**、处四千元以上罚款

修订前	修订后
安管理处罚决定前，应当告知违反治安管理行为人有权要求举行听证；违反治安管理行为人要求听证的，公安机关应当及时依法举行听证。	的治安管理处罚决定**或者采取责令停业整顿措施**前，应当告知违反治安管理行为人有权要求举行听证；违反治安管理行为人要求听证的，公安机关应当及时依法举行听证。 　　对依照本法第二十三条第二款规定可能执行行政拘留的未成年人，公安机关应当告知未成年人和其监护人有权要求举行听证；未成年人和其监护人要求听证的，公安机关应当及时依法举行听证。对未成年人案件的听证不公开举行。 　　前两款规定以外的案情复杂或者具有重大社会影响的案件，违反治安管理行为人要求听证，公安机关认为必要的，应当及时依法举行听证。 　　公安机关不得因违反治安管理行为人要求听证而加重其处罚。
第九十九条　公安机关办理治安案件的期限，自<u>受理</u>之日起不得超过三十日；案情重大、复杂的，经上一级公安机关批准，可以延长三十日。 　　为了查明案情进行鉴定的期间，不计入办理治安案件的期限。	第一百一十八条　公安机关办理治安案件的期限，自立案之日起不得超过三十日；案情重大、复杂的，经上一级公安机关批准，可以延长三十日。**期限延长以二次为限。公安派出所办理的案件需要延长期限的，由所属公安机关批准。** 　　为了查明案情进行鉴定的期间、**听证的期间**，不计入办理治安案件的期限。

修订前	修订后
第一百条　违反治安管理行为事实清楚，证据确凿，处警告或者二百元以下罚款的，可以当场作出治安管理处罚决定。	第一百一十九条　违反治安管理行为事实清楚，证据确凿，处警告或者**五百元**以下罚款的，可以当场作出治安管理处罚决定。
第一百零一条　当场作出治安管理处罚决定的，人民警察应当向违反治安管理行为人出示工作证件，并填写处罚决定书。处罚决定书应当当场交付被处罚人；有被侵害人的，并将决定书副本抄送被侵害人。 前款规定的处罚决定书，应当载明被处罚人的姓名、违法行为、处罚依据、罚款数额、时间、地点以及公安机关名称，并由经办的人民警察签名或者盖章。 当场作出治安管理处罚决定的，经办的人民警察应当在二十四小时内报所属公安机关备案。	第一百二十条　当场作出治安管理处罚决定的，人民警察应当向违反治安管理行为人出示**人民警察证**，并填写处罚决定书。处罚决定书应当当场交付被处罚人；有被侵害人的，并**应当将决定书送达**被侵害人。 前款规定的处罚决定书，应当载明被处罚人的姓名、违法行为、处罚依据、罚款数额、时间、地点以及公安机关名称，并由经办的人民警察签名或者盖章。 **适用当场处罚，被处罚人对拟作出治安管理处罚的内容及事实、理由、依据没有异议的，可以由一名人民警察作出治安管理处罚决定，并应当全程同步录音录像。** 当场作出治安管理处罚决定的，经办的人民警察应当在二十四小时以内报所属公安机关备案。
第一百零二条　被处罚人对治安管理处罚决定不服的，可以依法申请行政复议或者提起行政诉讼。	第一百二十一条　被处罚人、**被侵害人**对公安机关**依照本法规定**作出的治安管理处罚决定，**作出的收缴、追缴决定，或者采取的有关限制性、禁止性措施等**不服的，可以依法申请行政复议或者提起行政诉讼。

修订前	修订后
第三节　执　行	第三节　执　行
第一百零三条　对被决定给予行政拘留处罚的人，由作出决定的公安机关送达拘留所执行。	第一百二十二条　对被决定给予行政拘留处罚的人，由作出决定的公安机关送拘留所执行；执行期满，拘留所应当按时解除拘留，发给解除拘留证明书。 被决定给予行政拘留处罚的人在异地被抓获或者有其他有必要在异地拘留所执行情形的，经异地拘留所主管公安机关批准，可以在异地执行。
第一百零四条　受到罚款处罚的人应当自收到处罚决定书之日起十五日内，到指定的银行缴纳罚款。但是，有下列情形之一的，人民警察可以当场收缴罚款： （一）被处五十元以下罚款，被处罚人对罚款无异议的； （二）在边远、水上、交通不便地区，公安机关及其人民警察依照本法的规定作出罚款决定后，被处罚人向指定的银行缴纳罚款确有困难，经被处罚人提出的； （三）被处罚人在当地没有固定住所，不当场收缴事后难以执行的。	第一百二十三条　受到罚款处罚的人应当自收到处罚决定书之日起十五日以内，到指定的银行或者通过电子支付系统缴纳罚款。但是，有下列情形之一的，人民警察可以当场收缴罚款： （一）被处二百元以下罚款，被处罚人对罚款无异议的； （二）在边远、水上、交通不便地区，旅客列车上或者口岸，公安机关及其人民警察依照本法的规定作出罚款决定后，被处罚人到指定的银行或者通过电子支付系统缴纳罚款确有困难，经被处罚人提出的； （三）被处罚人在当地没有固定住所，不当场收缴事后难以执行的。

修订前	修订后
第一百零五条 人民警察当场收缴的罚款，应当自收缴罚款之日起二日内，交至所属的公安机关；在水上、旅客列车上当场收缴的罚款，应当自抵岸或者到站之日起二日内，交至所属的公安机关；公安机关应当自收到罚款之日起二日内将罚款缴付指定的银行。	**第一百二十四条** 人民警察当场收缴的罚款，应当自收缴罚款之日起二日以内，交至所属的公安机关；在水上、旅客列车上当场收缴的罚款，应当自抵岸或者到站之日起二日以内，交至所属的公安机关；公安机关应当自收到罚款之日起二日以内将罚款缴付指定的银行。
第一百零六条 人民警察当场收缴罚款的，应当向被处罚人出具省、自治区、直辖市人民政府财政部门统一制发的罚款收据；不出具统一制发的罚款收据的，被处罚人有权拒绝缴纳罚款。	**第一百二十五条** 人民警察当场收缴罚款的，应当向被处罚人出具省级以上人民政府财政部门统一制发的专用票据；不出具统一制发的专用票据的，被处罚人有权拒绝缴纳罚款。
第一百零七条 被处罚人不服行政拘留处罚决定，申请行政复议、提起行政诉讼的，可以向公安机关提出暂缓执行行政拘留的申请。公安机关认为暂缓执行行政拘留不致发生社会危险的，由被处罚人或者其近亲属提出符合本法第一百零八条规定条件的担保人，或者按每日行政拘留二百元的标准交纳保证金，行政拘留的处罚决定暂缓执行。	**第一百二十六条** 被处罚人不服行政拘留处罚决定，申请行政复议、提起行政诉讼的，遇有参加升学考试、子女出生或者近亲属病危、死亡等情形的，可以向公安机关提出暂缓执行行政拘留的申请。公安机关认为暂缓执行行政拘留不致发生社会危险的，由被处罚人或者其近亲属提出符合本法第一百二十七条规定条件的担保人，或者按每日行政拘留二百元的标准交纳保证金，行政拘留的处罚决定暂缓执行。 正在被执行行政拘留处罚的人遇有参加升学考试、子女出生或者近亲属病危、死亡等情形，被拘留人

修订前	修订后
	或者其近亲属申请出所的,由公安机关依照前款规定执行。被拘留人出所的时间不计入拘留期限。
第一百零八条　担保人应当符合下列条件: (一) 与本案无牵连; (二) 享有政治权利,人身自由未受到限制; (三) 在当地有常住户口和固定住所; (四) 有能力履行担保义务。	第一百二十七条　担保人应当符合下列条件: (一) 与本案无牵连; (二) 享有政治权利,人身自由未受到限制; (三) 在当地有常住户口和固定住所; (四) 有能力履行担保义务。
第一百零九条　担保人应当保证被担保人不逃避行政拘留处罚的执行。 　　担保人不履行担保义务,致使被担保人逃避行政拘留处罚的执行的,由公安机关对其处三千元以下罚款。	第一百二十八条　担保人应当保证被担保人不逃避行政拘留处罚的执行。 　　担保人不履行担保义务,致使被担保人逃避行政拘留处罚的执行的,处三千元以下罚款。
第一百一十条　被决定给予行政拘留处罚的人交纳保证金,暂缓行政拘留后,逃避行政拘留处罚的执行的,保证金予以没收并上缴国库,已经作出的行政拘留决定仍应执行。	第一百二十九条　被决定给予行政拘留处罚的人交纳保证金,暂缓行政拘留**或者出所**后,逃避行政拘留处罚的执行的,保证金予以没收并上缴国库,已经作出的行政拘留决定仍应执行。
第一百一十一条　行政拘留的处罚决定被撤销,或者行政拘留处罚开始执行的,公安机关收取的保证金应当及时退还交纳人。	第一百三十条　行政拘留的处罚决定被撤销,行政拘留处罚开始**执行,或者出所后继续执行的**,公安机关收取的保证金应当及时退还交纳人。

修订前	修订后
第五章　执法监督	第五章　执法监督
第一百一十二条　公安机关及其人民警察应当依法、公正、严格、高效办理治安案件，文明执法，不得徇私舞弊。	第一百三十一条　公安机关及其人民警察应当依法、公正、严格、高效办理治安案件，文明执法，不得徇私舞弊、玩忽职守、滥用职权。
第一百一十三条　公安机关及其人民警察办理治安案件，禁止对违反治安管理行为人打骂、虐待或者侮辱。	第一百三十二条　公安机关及其人民警察办理治安案件，禁止对违反治安管理行为人打骂、虐待或者侮辱。
第一百一十四条　公安机关及其人民警察办理治安案件，应当自觉接受社会和公民的监督。 公安机关及其人民警察办理治安案件，不严格执法或者有违法违纪行为的，任何单位和个人都有权向公安机关或者人民检察院、行政监察机关检举、控告；收到检举、控告的机关，应当依据职责及时处理。	第一百三十三条　公安机关及其人民警察办理治安案件，应当自觉接受社会和公民的监督。 公安机关及其人民警察办理治安案件，不严格执法或者有违法违纪行为的，任何单位和个人都有权向公安机关或者人民检察院、监察机关检举、控告；收到检举、控告的机关，应当依据职责及时处理。
	第一百三十四条　公安机关作出治安管理处罚决定，发现被处罚人是公职人员，依照《中华人民共和国公职人员政务处分法》的规定需要给予政务处分的，应当依照有关规定及时通报监察机关等有关单位。
第一百一十五条　公安机关依法实施罚款处罚，应当依照有关法律、行政法规的规定，实行罚款决定与罚款收缴分离；收缴的罚款应当全部上缴国库。	第一百三十五条　公安机关依法实施罚款处罚，应当依照有关法律、行政法规的规定，实行罚款决定与罚款收缴分离；收缴的罚款应当全部上缴国库，**不得返还、变相返还，不得与经费保障挂钩**。

修订前	修订后
	第一百三十六条 违反治安管理的记录应当予以封存，不得向任何单位和个人提供或者公开，但有关国家机关为办案需要或者有关单位根据国家规定进行查询的除外。依法进行查询的单位，应当对被封存的违法记录的情况予以保密。
	第一百三十七条 公安机关应当履行同步录音录像运行安全管理职责，完善技术措施，定期维护设施设备，保障录音录像设备运行连续、稳定、安全。
	第一百三十八条 公安机关及其人民警察不得将在办理治安案件过程中获得的个人信息，依法提取、采集的相关信息、样本用于与治安管理、查处犯罪无关的用途，不得出售、提供给其他单位或者个人。
第一百一十六条 人民警察办理治安案件，有下列行为之一的，依法给予**行政**处分；构成犯罪的，依法追究刑事责任： （一）刑讯逼供、体罚、虐待、侮辱他人的； （二）超过询问查证的时间限制人身自由的； （三）不执行罚款决定与罚款收缴分离制度或者不按规定将罚没的财物上缴国库或者依法处理的； （四）私分、侵占、挪用、故意损毁收缴、扣押的财物的；	第一百三十九条 人民警察办理治安案件，有下列行为之一的，依法给予处分；构成犯罪的，依法追究刑事责任： （一）刑讯逼供、体罚、打骂、虐待、侮辱他人的； （二）超过询问查证的时间限制人身自由的； （三）不执行罚款决定与罚款收缴分离制度或者不按规定将罚没的财物上缴国库或者依法处理的； （四）私分、侵占、挪用、故意损毁**所**收缴、**追缴**、扣押的财物的；

修订前	修订后
（五）违反规定使用或者不及时返还被侵害人财物的； （六）违反规定不及时退还保证金的； （七）利用职务上的便利收受他人财物或者谋取其他利益的； （八）当场收缴罚款不出具罚款收据或者不如实填写罚款数额的； （九）接到要求制止违反治安管理行为的报警后，不及时出警的； （十）在查处违反治安管理活动时，为违法犯罪行为人通风报信的； （十一）有徇私舞弊、滥用职权，不依法履行法定职责的其他情形的。 办理治安案件的公安机关有前款所列行为的，对直接负责的主管人员和其他直接责任人员给予相应的行政处分。	（五）违反规定使用或者不及时返还被侵害人财物的； （六）违反规定不及时退还保证金的； （七）利用职务上的便利收受他人财物或者谋取其他利益的； （八）当场收缴罚款不出具专用票据或者不如实填写罚款数额的； （九）接到要求制止违反治安管理行为的报警后，不及时出警的； （十）在查处违反治安管理活动时，为违法犯罪行为人通风报信的； （十一）泄露办理治安案件过程中的工作秘密或者其他依法应当保密的信息的； （十二）将在办理治安案件过程中获得的个人信息，依法提取、采集的相关信息、样本用于与治安管理、查处犯罪无关的用途，或者出售、提供给其他单位或者个人的； （十三）剪接、删改、损毁、丢失办理治安案件的同步录音录像资料的； （十四）有徇私舞弊、玩忽职守、滥用职权，不依法履行法定职责的其他情形的。 办理治安案件的公安机关有前款所列行为的，对负有责任的领导人员和直接责任人员，依法给予处分。

修订前	修订后
第一百一十七条　公安机关及其人民警察违法行使职权，侵犯公民、法人和其他组织合法权益的，应当赔礼道歉；造成损害的，应当依法承担赔偿责任。	第一百四十条　公安机关及其人民警察违法行使职权，侵犯公民、法人和其他组织合法权益的，应当赔礼道歉；造成损害的，应当依法承担赔偿责任。
第六章　附　则	第六章　附　则
	第一百四十一条　其他法律中规定由公安机关给予行政拘留处罚的，其处罚程序适用本法规定。 公安机关依照《中华人民共和国枪支管理法》、《民用爆炸物品安全管理条例》等直接关系公共安全和社会治安秩序的法律、行政法规实施处罚的，其处罚程序适用本法规定。 本法第三十二条、第三十四条、第四十六条、第五十六条规定给予行政拘留处罚，其他法律、行政法规同时规定给予罚款、没收违法所得、没收非法财物等其他行政处罚的行为，由相关主管部门依照相应规定处罚；需要给予行政拘留处罚的，由公安机关依照本法规定处理。
	第一百四十二条　海警机构履行海上治安管理职责，行使本法规定的公安机关的职权，但是法律另有规定的除外。
第一百一十八条　本法所称以上、以下、以内，包括本数。	第一百四十三条　本法所称以上、以下、以内，包括本数。

修订前	修订后
第一百一十九条　本法自 2006 年 3 月 1 日起施行。1986 年 9 月 5 日公布、1994 年 5 月 12 日修订公布的《中华人民共和国治安管理处罚条例》同时废止。	第一百四十四条　本法自 2026 年 1 月 1 日起施行。

图书在版编目（CIP）数据

治安管理处罚法普法知识题集 / 中国法治出版社编. -- 北京：中国法治出版社，2025.8. -- （普法知识题集系列）. -- ISBN 978-7-5216-5128-7

Ⅰ. D922.144

中国国家版本馆 CIP 数据核字第 2025364D3M 号

责任编辑：刘海龙　　　　　　　　　　　　封面设计：李　宁

治安管理处罚法普法知识题集
ZHI'AN GUANLI CHUFAFA PUFA ZHISHI TIJI

经销/新华书店
印刷/三河市国英印务有限公司
开本/880 毫米×1230 毫米　32 开　　　　印张/ 5.75　字数/ 129 千
版次/2025 年 8 月第 1 版　　　　　　　　2025 年 8 月第 1 次印刷

中国法治出版社出版
书号 ISBN 978-7-5216-5128-7　　　　　　定价：19.00 元

北京市西城区西便门西里甲 16 号西便门办公区
邮政编码：100053　　　　　　　　　　　传真：010-63141600
网址：http://www.zgfzs.com　　　　　　编辑部电话：010-63141814
市场营销部电话：010-63141612　　　　　印务部电话：010-63141606

（如有印装质量问题，请与本社印务部联系。）